| 일러두기 |

- 인명과 지명은 국립국어원의 외래어 표기법을 따르되 이미 굳어진 경우 관례에 따라 표기했습니다.
- 역사 용어는 학계의 일반적인 표기를 따랐습니다.
- 이 책에 실린 사진 중 저작권자와 접촉이 되지 않는 등 불가피한 사정으로 사용 허가를 받지 못한 사진에 대해서는 저작권자의 허락을 구하는 대로 승인을 받고 사용료를 지불하겠습니다.
- 이 책에 실려 있는 지도와 그림의 저작권은 별도의 표기가 없는 한 (주)스푼북에 있습니다.

2 고대 통일 제국의 등장 글 서지원 그림 이은열 감수 박순영·신미원

한 눈에 세계사

출간

열다

• 차례

1장
서아시아를 통일한 페르시아 제국 ··· 006

인류 최초의 교역 중심지, 서아시아 | 히타이트와 아시리아 | 서아시아로 진출한 이집트 | 해상 민족이 가져온 암흑시대 | 페르시아 제국의 태동 | 제국의 번영을 이끈 다리우스 1세 | 동서양의 격돌, 페르시아 전쟁 | 페르시아 제국의 분열

2장
그리스 세계 ··· 038

암흑시대의 그리스 | 지중해의 폴리스 탄생 | 그리스의 대표 폴리스, 스파르타와 아테네 | 그리스를 기울게 한 펠로폰네소스 전쟁 | 알렉산드로스의 동방 원정 | 동서양의 결합, 헬레니즘 문화 | 대표적인 헬레니즘 미술 작품, 밀로 비너스 | 헬레니즘 문화의 흔적, 간다라 미술

3장
지중해의 대표 제국 로마 ... 070

로마의 탄생 | 공화정을 시작한 로마 | 지중해의 패권을 장악한 포에니 전쟁 | 로마 제국의 속주 통치 방법 | 노예의 반란을 이끈 스파르타쿠스 | 공화정의 쇠퇴 | 제정의 등장과 몰락 | 로마의 분열, 멸망의 길로 | 게르만족의 대이동과 로마의 멸망

4장
중국의 여러 나라 ... 110

주와 춘추 전국 시대 | 춘추 전국 시대의 사회 경제 | 중국을 통일한 진 | 중국의 정신과 문화의 밑바탕이 된 한 | 중앙아시아에서 유목민이 세운 흉노

5장
인도의 여러 왕조 ... 126

마우리아 왕조의 탄생 | 찬드라굽타 마우리아의 시대 | 불교의 등장 | 인도를 통일한 아소카왕 | 동서 세계를 연결한 쿠샨 왕조

1장
서아시아를 통일한 페르시아 제국

| 인류 최초의 교역 중심지, 서아시아
| 히타이트와 아시리아
| 서아시아로 진출한 이집트
| 해상 민족이 가져온 암흑시대
| 페르시아 제국의 태동
| 제국의 번영을 이끈 다리우스 1세
| 동서양의 격돌, 페르시아 전쟁
| 페르시아 제국의 분열

문명이 발달하면서 사람들은 점점 큰 사회를 만들었어. 고대 문명이 피어난 곳에는 도시 국가가 생겨났지. 기원전 3000년 무렵 아프리카에는 고대 이집트가 생겨났고, 서아시아에는 바빌로니아 왕국이 나타났어.

왕국들은 주변 지역으로 점차 영토를 넓혀 갔고, 기원전 6세기에는 여러 나라를 통합한 '제국'이 나타났지. 바로 현재 이란 땅이 있는 서아시아에 있었던 페르시아 제국이야. 그 당시 페르시아는 도시 국가인 아테네와 스파르타를 중심으로 날로 번성하던 그리스도 벌벌 떨게 만들 만큼 엄청난 군사력과 힘을 갖고 있었어.

페르시아 제국은 어떻게 그런 강력한 군대를 갖게 되었을까? 지중해 동쪽 연안과 서아시아 지역을 아우르는 넓은 땅을 갖게 된 비결이 궁금하지 않니? 페르시아가 주변 나라를 어떻게 정복했으며, 정복한 땅을 어떤 방식으로 다스렸는지 제국이 되어 가는 길을 한번 따라가 보기로 하자.

▼ 페르세폴리스

인류 최초의 교역 중심지, 서아시아

아시아의 서쪽 지역은 지중해를 사이에 두고 아프리카, 유럽 대륙과 연결되어 있어. 기원전 3500년 무렵 이미 메소포타미아 문명이 생겨날 정도로 문화가 발달한 곳이야. 지금의 시리아와 레바논, 터키가 있는 지역이지. 이곳은 지중해와 연결되어 있기 때문에 아프리카나 유럽 지역으로 이동하기 편리하였어.

◀ 오늘날의 서아시아

이러한 지리적 이점 때문에 서아시아와 지중해 동해안 지역이 맞닿는 지역을 중심으로 무역이 번성했어. 이집트에서는 곡물이나 황금이 많이 났지만 건조한 기후 때문에 나무와 직물을 구하기 어려웠어. 반대로 서아시아는 곡물이 많이 나지 않았지. 아나톨리아고원은 금과 구리 같은 광물 자원이 풍부했고, 지중해 동해안 지역은 삼나무 목재, 이란고원은 주석이 대표적인 특산물이었지. 서아시아와 지중해 동해안 지역의 항구 도시는 이렇게 부족한 자원을 구하려는 상인들로 항상 북적거렸단다.

▲ 기원전 1500년 무렵 서아시아 일대의 주요 교역 물품

히타이트와 아시리아

서아시아에서 가장 강력한 힘을 갖고 있던 나라는 히타이트였어. 히타이트는 기원전 2000년 무렵 소아시아에서 일어난 인도·유럽 어족에 속하는 고대 시리아 민족이었는데, 점차 지중해 쪽으로 영토를 넓혀 가면서 막강한 힘을 갖게 되었어. 그리고 기원전 1530년 무렵 히타이트 왕은 바빌로니아 왕국을 정복하기에 이르렀고, 얼마 지나지 않아 시리아까지 차지하였어. 여기서 말하는 시리아란 서아시아, 지중해 동해안 지역을 통틀어 이르는 이름이야. 그렇게 히타이트

▼ 히타이트 병사들이 전차를 타고 사냥하는 모습이야. 히타이트 전차는 철로 만들어져서 튼튼하고 다루기에 편했지.

는 서아시아 대부분의 영토를 차지한 강대국이 되었단다. 한낱 유목민 집단에 불과했던 히타이트가 서아시아를 차지한 제국으로 성장할 수 있었던 가장 큰 이유는 무엇이었을까? 그건 바로 '철'이었어.

인류가 철을 사용하기 시작한 것은 기원전 3000년 무렵으로 알려져 있어. 하지만 실제 서아시아에서는 기원전 1200년 무렵부터 철을 사용하기 시작했단다.

이집트나 다른 지역에서도 오래전에 철이 발견되었지. 하지만 사람들은 철을 다루는 방법을 알지 못했어. 철은 불에 달궈 여러 번 망치로 두드려야만 단단해지는데 사람들은 그걸 몰랐던 거야.

그러나 히타이트인들은 철을 다루는 방법을 알고 있었어. 주변 국가들이 철에 대해 알게 될까 봐 히타이트인들은 철을 수출하지도 않았고, 기술을 알려 주지도 않았어. 청동으로 만든 무기보다 가볍고 강한 무기를 갖게 된 히타이트는 파죽지세로 주변국을 정복할 수 있었던 거야.

> 파죽지세란 대나무를 가를 만큼의 큰 힘을 뜻하는 말로, 힘이 너무 세서 상대할 적이 없는 상태를 말해.

한편 메소포타미아 지역을 바탕으로 번성했던 수메르 문명이 역사의 뒤안길로 사라지고 티그리스강 유역에는 새로운 국가가 나타났어. 기원전 2000년 무렵, 이곳을 중심으로 수메르어 혹은 아카드어가 아닌 아시리아어를 쓰는 새로운 민족이 터를 잡기 시작했던 거지.

아시리아는 티그리스강과 대(大)자브강이 합류하는 비옥한 땅을 중심으로 하여 점차 주변으로 영토를 확장해 갔지만 바빌로니아와 미탄니의 속국이 되기도 했어. 미탄니는 메소포타미아 유프라테스강 중류 연안에 후르리인이 세운 왕국이야. 수도는 와수카니라고 하는데, 위치는 분명하지 않아. 말, 전차를 가진 군대로 기원전 17세기부터 기원전 15세기까지 전성기를 이루었어. 하지만 기원전 13세기경 아시리아는 히타이트와 동맹을 맺은 뒤 바빌로니아와 미탄니에 통쾌하게 복수했지. 이후 아시리아는 서아시아의 강국으로 자리 잡았어.

아시리아는 메소포타미아 문명을 바탕으로 자신들의 문화와 생활을 발전시켜 나갔어. 주변으로 영토를 확대해 나가면서 자연스럽게 여러 민족에게 메소포타미아 문명을 퍼뜨렸지. 니네베와 코르사바드를 중심으로 아시리아의 유적들이 많이 발견되었는데, 성문과 성벽 등 다양한 유적으로 보아 뛰어난 건축 능력이 있었던 것을 알 수 있어.

니네베는 아시리아의 수도로, 지금의 이라크 모술 지방에 위치해 있어.

▼ 니네베 아시리아 유적지 성벽에 있는 그림

역사 속 상식 쏙

히타이트의 수도, 하투샤

히타이트는 지금의 터키가 있는 아나톨리아 지역에 위치해 있었어. 우리나라가 아시아의 오른편에 툭 튀어 나와 있는 곳이라면 아나톨리아는 아시아의 맨 왼쪽으로 튀어 나와 있는 곳을 말해.

하투샤는 해발 1000미터의 고지대에 있는 너른 벌판으로, 오랫동안 사람들에게 알려지지 않은 채 역사 속에 묻혀 있었어. 그러다 1834년 프랑스 고고학자에 의해 처음 발견되었지.

이곳에서는 도시를 보호하기 위한 성곽과 대신전 등의 시설들이 발견되었어. 또 설형 문자가 기록된 점토판이 약 2만 장이나 발견되면서 고대 그리스나 이집트처럼 고대 문명이 발달한 도시가 있었다는 것이 처음 알려졌지. 하투샤는 유네스코 세계 유산으로 등재되어 있어.

▲ 하투샤성에 있는 사자문

설형 문자란 메소포타미아 주변에서 사용되던 문자였어. 주로 점토판 위에 갈대나 꼬챙이로 기록하여 쐐기 모양을 띠고 있지. 그래서 쐐기 문자라고도 한단다.

▼ 하투샤 유적지

▲ 히타이트 설형 문자

서아시아로 진출한 이집트

이집트 신왕국은 힉소스와의 전투에 승리하면서 자연스럽게 힉소스가 다스리고 있던 지중해 동해안 지역을 차지하게 되었어. 새로운 이집트 왕조의 파라오 아모세 1세는 힉소스를 이집트에서 몰아내고 통일 이집트를 다시 일으켜 세웠어. 힉소스의 본거지인 아바리스를 공격해 무너뜨리고, 지금의 팔레스타인 지역까지 넘어와 동지중해 연안까지 차지해 버렸지. 이집트는 히타이트와 국경을 맞대고 있는 나라가 되었어.

서아시아의 강대국이었던 히타이트는 이집트에게는 부담스러운 상대였어. 그 때문에 서아시아로 영토를 넓히고 싶었지만 더 이상 나아갈 수 없었지.

힉소스는 기원전 17세기 무렵 이집트로 쳐들어와 통치했던 민족이야.

▼ 아모세 1세가 힉소스를 공격하는 그림

남쪽으로 뻗어 나가려는 히타이트와 북쪽 지방까지 차지하고 싶었던 이집트가 시리아 지역에서 딱 부딪쳤어. 이 시기가 이집트에서는 람세스 2세 때였어. 람세스 2세는 고대 이집트 제19왕조의 3대 파라오로 기원전 1279년부터 기원전 1213년까지 이집트를 통치했어.

시리아 지역은 지중해 무역 상권에서 아주 중요한 지역이라고 했던 것 기억하지? 히타이트와 이집트 두 나라 모두 시리아 지역을 차지하고 싶어 했던 것은 당연했지. 그 결과로 벌어진 전쟁이 일어난 장소가 바로 시리아의 '카데시'라는 곳이야.

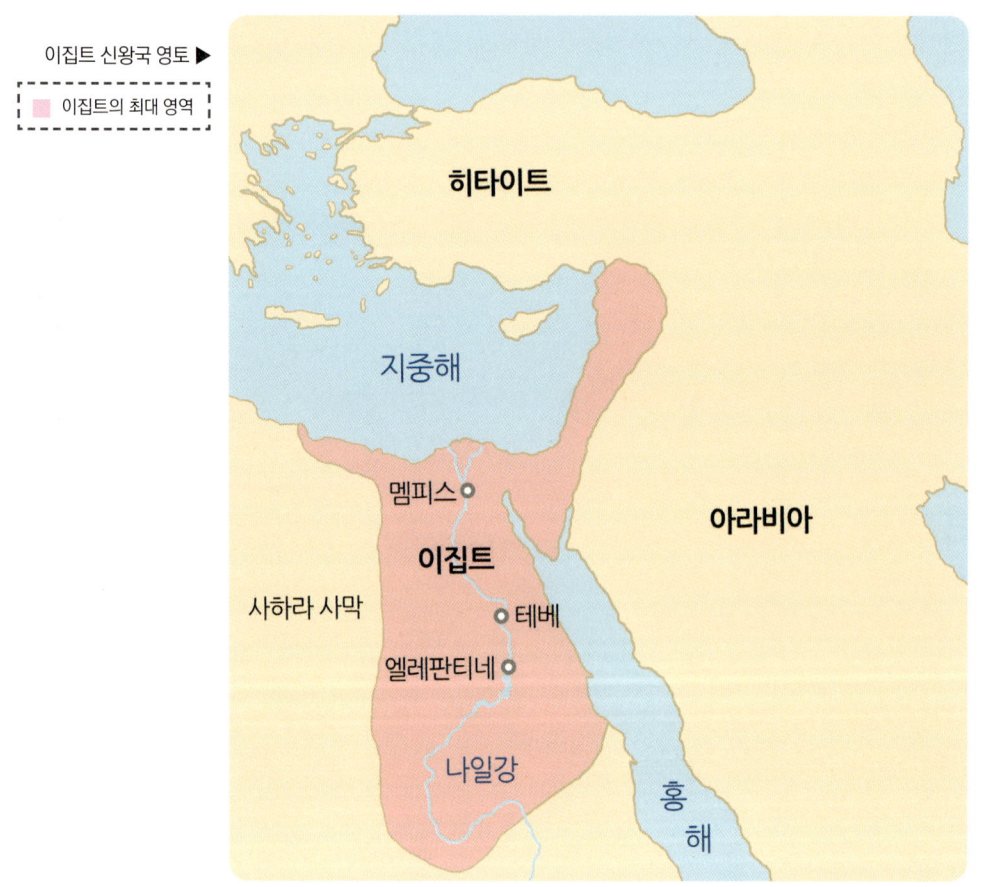

전쟁의 결과는 무승부였어. 두 나라 모두 한쪽이 무너뜨리기에는 너무 강했던 거야. 이집트와 히타이트는 어느 한쪽이 이길 수 없는 전쟁이니 차라리 두 나라가 동맹을 맺어 서로를 보호하기로 협약했어. 그리고 이러한 약속을 커다란 비석에 새겨 모든 사람들이 볼 수 있도록 만들었지. 인류 최초의 외교 조약인 셈이야. 이 비석은 하투샤에서 발견되었는데, 두 나라가 합의한 내용이 빼곡히 적혀 있단다.

▲ 아부심벨 신전에 새겨져 있는 카데시 전투 중인 람세스 2세

람세스 2세는 아부심벨 신전을 비롯해 왕가의 계곡에서 발견된 5호 고분의 주인으로 유명해.

▼ 아부심벨 신전 전면에 20미터가량의 거대한 람세스 2세의 상이 네 개 있어. 람세스 2세의 상은 아스완댐 공사 때문에 물에 잠길 뻔했으나 유네스코에 의해 상류로 이동시켜 보존되었어.

역사 속 상식 쏙

이집트와 히타이트 사이의 조약문

▲ 이집트와 히타이트 두 나라가 맺은 약속을 새긴 조약문

1) 이집트와 히타이트는 서로 침략하지 않는다.
2) 이집트가 적에게 침략당하면 히타이트는 지원군을 보낸다.
3) 히타이트가 적에게 침략당하면 이집트는 지원군을 보낸다.
4) 이집트의 도망자가 히타이트로 들어가면 히타이트는 이자를 이집트에 넘겨준다.
5) 히타이트의 도망자가 이집트로 들어가면 이집트는 이자를 히타이트에 넘겨준다.
6) 람세스는 하투실리의 아들이 왕이 되는 것을 보장하고 지지한다.

이 조약에는 많은 신들이 함께하신다. 조약을 지키는 자에게 평안을, 조약을 깨는 자에게 저주를.

해상 민족이 가져온 암흑시대

기원전 1200년 무렵 해상 민족의 습격은 서아시아 국가들을 위태롭게 만들었어. 그들이 어떤 민족인지 알려진 바는 없어. 하지만 바다를 통해 서아시아에 들어온 사람들은 히타이트를 비롯한 서아시아 전역으로 퍼져 갔고, 대부분의 나라를 손쉽게 정복해 버렸단다.

사실 해상 민족이 서아시아 지역에 쉽게 들어올 수 있었던 가장 큰 이유는 히타이트와 아시리아의 왕권이 많이 약해졌기 때문이야.

계속된 왕권 분열로 나라가 어수선해졌고, 왕들의 힘이 많이 약해졌던 거지. 거기다 오랫동안 가뭄이 이어져 이리저리 떠도는 백성들이 많아진 상태였어.

해상 민족이 서아시아를 쇠퇴시키면서 시리아 지역에서 교역은 더 이상 이뤄지지 않았어. 번성했던 상업 도시들이 몰락해 버렸지. 이즈음부터 300년이 넘는 긴 시간 동안 서아시아 지역에서는 문명 발달도, 해상 무역도 멈춰 버리고 말았어.

무역이 이루어지지 않자 다른 나라에서도 이곳을 찾지 않게 되었어. 무엇보다 이 시기에 대한 기록이 아무것도 남아 있지 않아서 현대 사람들은 그 시대를 추측만 할 뿐 정확히 알 수 없단다. 서아시아를 점령했던 민족들에게 문자가 없어서 기록을 남기지 못한 것인지, 아니면 어떤 다른 이유가 있었던 것인지는 알려지지 않았어.

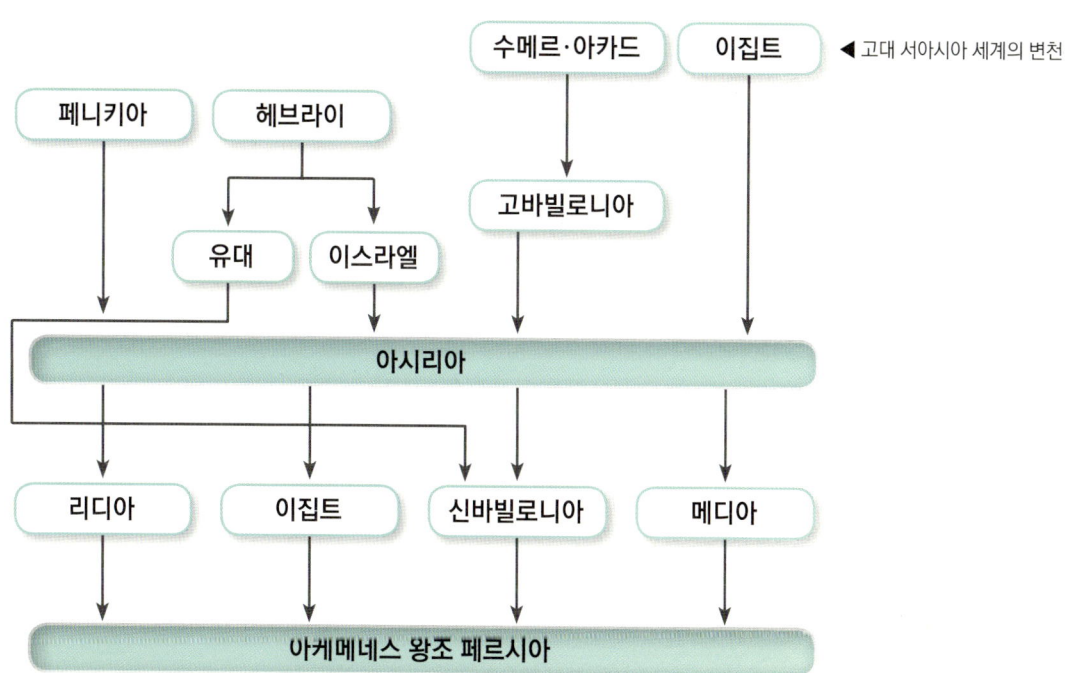

◀ 고대 서아시아 세계의 변천

페르시아 제국의 태동

오랜 암흑시대가 지나고 기원전 1000년쯤, 다시 서아시아에 거대한 움직임이 일기 시작했어. 히타이트와 함께 멸망했던 아시리아가 다시 살아난 거야. 이 시기부터는 아시리아를 신아시리아라고 불러. 전차 기병 부대를 갖고 있던 신아시리아는 기원전 700년 무렵 지중해 동해안 지역과 이집트까지 아우르는 너른 땅을 통일하였어. 하지만 신바빌로니아와 메디아 연합군의 공격으로 통일한 지 60여 년 만에 멸망하고 말았지.

신아시리아와 신바빌로니아의 왕들은 정복한 땅의 백성들에게 온정을 베풀지 않았어. 강력한 왕권을 휘두르며 공포 정치를 이어 갔지. 사람들의 마음을 얻지 못한 왕조는 역사상 오래 버틴 곳이 없어. 신바빌로니아 왕국 역시 100여 년이라는 짧은 기간 동안 서아시아를 지배하다 멸망의 길을 걷고 말았지. 신바빌로니아 왕국을 멸망시킨 나라는 바로 아케메네스 왕조 페르시아였단다.

페르시아는 원래 서양에서 '이란 민족'을 뜻하는 말이란다. 이름처럼 페르시아는 이란 민족에 의해 세워진 나라야. 1935년 이란이라는 공식 국가명으로 바뀌기 전까지 이곳은 페르시아라고 불렸어.

이란고원을 중심으로 힘을 키워 가던 페르시아인들은 서쪽으로 세력을 넓혀 갔어. 아케메네스 왕조 페르시아의 왕인 캄비세스 1세는 신아시리아를 물리쳤던 메디아 왕국의 공주와 결혼하며 자연스럽게 페르시아와 메디아를 통합시켜 버렸어. 캄비세스 1세의 뒤를

> 전차 기병 부대란 말이 끌도록 만들어진 바퀴 두 개 달린 전차에 군인이 타고 적을 공격하는 부대야.

이어 왕이 된 키루스 2세는 메디아의 수도인 에크바타나를 점령한 뒤, 주변국을 차례로 정복해 갔어. 작은 나라였던 페르시아는 서아시아의 대부분을 차지하며 점차 넓은 영토를 갖게 되었어.

키루스 2세가 페르시아의 영토를 쉽게 넓힐 수 있었던 것은 물론 페르시아의 뛰어난 군사력 덕분이었어. 하지만 키루스 2세만의 독특한 통치 철학은 막강한 군대와 함께 페르시아 제국이 성장하는 데 있어 아주 중요한 역할을 했어.

키루스 2세는 신아시리아나 신바빌로니아 왕국의 왕들이 왜 국가를 오래 유지시키지 못했을까 고민했단다. 키루스 2세는 정복한 땅이라도 그 민족만의 언어와 종교를 인정해 주고, 잘살 수 있게 도와주어야 반란이 일어나지 않으리라 생각했어. 그래서 전쟁이 끝난 뒤, 정복한 땅에 사는 사람일지라도 세금과 병역의 의무만 잘 지키면 페르시아 제국의 국민으로 잘살 수 있게 도와주었어. 그래서 키루스 2세는 정복지의 민족들에게 미움을 받지 않았어. 종교도 인정해 주고 본래 쓰던 말도 자유롭게 쓸 수 있게 된 사람들은 그만큼 페르시아에 대해 거부감을 덜 느꼈거든.

> 에크바타나는 지금 이란의 하마단이야. 기원전 7세기에 메디아 왕국의 수도가 되어 이슬람 세계의 주요 도시로서 오늘에 이르렀어.

◀ 키루스 2세의 무덤

키루스 2세의 원통형 인장

원통형 인장은 점토로 만들어진 원통 모양의 문서야. 신바빌로니아 왕국을 정복했던 키루스 2세가 어떻게 신바빌로니아 왕국을 점령했는지 자세히 기록되어 있지. 원통에는 시민들을 어떻게 다스릴 것인지 기록해 놓은 부분이 있어. 모든 시민이 종교의 자유를 가질 수 있고, 노예제를 금하며, 궁전을 짓는 사람들에게 급여를 지급하라고 기록되어 있지. 이런 내용 때문에 키루스 2세의 원통형 인장은 인류 최초의 인권 선언문으로 평가받고 있어. 하지만 이에 대한 해석을 두고 역사학자들 사이에서도 의견이 분분해.

제국의 번영을 이끈 다리우스 1세

키루스 2세가 서아시아 지역을 평정하며 페르시아 제국의 기반을 닦았다면, 페르시아를 세계 최대의 제국으로 만든 사람은 바로 다리우스 1세였어. 키루스 2세가 죽고 난 뒤, 페르시아에서는 반란이 일어났어. 키루스 2세의 아들인 캄비세스 2세가 수도를 비운 사이에 메디아 왕국 출신 사제들이 반란을 일으킨 거야. 이집트로 원정을 떠났던 캄비세스 2세는 이를 알고 부랴부랴 당시 수도였던 바빌론으로 돌아왔지. 하지만 그는 돌아오는 길에 그만 죽고 말았어. 캄비세스 2세와 이집트 원정에 함께 갔던 다리우스 1세는 수도로 돌아와 반란을 일으킨 사제들을 제압하고 새로운 왕위에 올랐어.

다리우스 1세는 원래 키루스 2세의 사위였는데, 캄비세스 2세가 죽자 그다음을 이어 페르시아 왕위에 올랐어. 사제들을 제압한 다리우스 1세는 조로아스터교라는 새로운 종교를 국교로 삼았어. 그러고는 조로아스터교의 유일신인 아후라 마즈다의 계시로 사악한 사제들을 물리치고 자신이 왕이 된 것이라고 주장했지.

◀ 키루스 2세

다리우스 1세 때 페르시아는 전성기를 맞게 돼. 다리우스 1세는 주변으로 영토를 계속 넓혀 갔어. 인더스강에서 마케도니아, 아프가니스탄 지역에 이르기까지 넓은 땅을 차지하면서 자연스럽게 여러 민족을 통치하게 되었지.

다리우스 1세는 조로아스터교를 믿었지만, 다른 민족들에게 자신이 믿는 종교의 신을 섬겨야 한다고 강요하지는 않았어. 키루스 2세가 그랬던 것처럼 각 민족의 언어도 그대로 쓰게 했지. 키루스 1세 때부터 내려온 이런

▼ 다리우스 1세

통치 전략은 후대 왕들에게도 이어졌어. 다른 민족의 문화를 존중하는 정책은 다른 제국이 100년을 넘기지 못하고 무너진 것에 비해 페르시아가 200년이나 이어 갈 수 있었던 가장 큰 이유였단다.

◀ 다리우스 1세 시대의 페르시아 제국
- 페르시아 제국의 영역
- 왕의 길

넓은 영토를 다스리기 위해 만들어진 도로, 왕의 길

다리우스 1세는 넓은 영토를 다스리기 위해 체제를 정비했어. 전 국토를 20개 주로 나눈 다음 각 주에 페르시아 관리를 파견했지. 왕이 살았던 수사에서 지방의 주요 거점들을 잇는 도로를 만들었는데, 이것을 '왕의 길'이라 불렀다고 해.
'왕의 길'에는 일정한 간격을 두고 역참을 세웠어. 그곳에서 관리들은 잠을 자거나 말을 빌릴 수 있었지. 관리들이 몇 달씩 걸려서 이동했던 거리를 아주 짧은 시간 안에 갈 수 있게 된 거야. 왕의 길과 역참은 왕의 명령을 지방까지 신속하게 전달하는 데 이용됐어. 훗날 이 길을 상인들이 이용하게 되었고, 페르시아의 무역이 발달하는 밑거름이 되었지.

조로아스터교

페르시아인들은 기원전 6세기 무렵부터 페르시아의 예언자 조로아스터가 만든 조로아스터교를 믿었어. 선한 신인 아후라 마즈다와 악한 신 아리만과의 대립으로 모든 것을 설명하려 하는 종교야. 불을 숭배해서 '배화교'라고도 불리지. 초기에는 고대 토착 종교와 섞여 여러 신을 믿기도 했으나 점차 유일 신앙으로 정착했어.

3세기 초 서아시아 지역에 들어선 사산 왕조 페르시아는 조로아스터교를 국교로 지정한 뒤 다른 종교를 탄압하기도 했어. 이전의 종교는 대부분 다신교였기 때문에 유일신을 주장했던 조로아스터교는 그 당시 개혁적인 종교였지. 이러한 유일신 사상은 크리스트교, 이슬람교, 유대교에 영향을 주었어.

▲ 조로아스터교의 상징인 아후라 마즈다야. 사람은 지혜를 뜻하고, 날개는 앞으로 나아가는 힘을 상징한대.

다리우스 1세는 비시툰산의 암벽에 세 언어(고대 페르시아어, 엘람어, 바빌로니아어)로 전승 기념비를 새겼어. 여기서 그는 제국의 창건과 팽창을 아후라 마즈다(조로아스터교의 주신)의 도움의 결과라고 적었어.

▲ 비스툰 비문

동서양의 격돌, 페르시아 전쟁

서아시아를 점령한 다리우스 1세는 아시아를 넘어 유럽 쪽으로 영토를 확장할 계획을 세웠어. 그러고는 서아시아 바로 옆의 마케도니아 지방을 먼저 공격하기 시작했지. 이렇게 수도를 떠나 원정 전쟁을 떠난 사이 이오니아 지방에서는 반란이 일어났어. 아무리 페르시아가 정복한 민족을 잘 대하려 노력했다 해도 땅을 빼앗긴 사람들 가운데 불만이 없을 수는 없었지.

> 이오니아는 에게해와 접한 아나톨리아의 서남부에 위치해 있었어. 대표적인 곳으로 델로스섬이 있지.

다리우스 1세는 원정에서 황급히 돌아왔어. 이오니아의 도시들은 연합해서 페르시아에 맞섰지만 막강한 페르시아 군대를 도저히 이길 수 없었어. 몇 년간의 전투 끝에 이오니아 지역의 반란을 진압한 다리우스 1세는 또다시 새로운 정복 계획을 세웠어. 바로 아테네를 정복하는 거였지.

사실 이오니아는 그리스인들이 세운 식민 도시가 모인 지역이었는데, 아테네의 지원을 받고 있었거든. 그렇지 않아도 서쪽으로 땅을 더 넓히고 싶었던 다리우스 1세는 아테네가 이오니아의 반란을 지원했다는 것을 빌미로 아테네에 전쟁을 선포했어. 바야흐로 동양과 서양의 첫 싸움이 일어나려는 일촉즉발의 상황이 된 거야.

다리우스 1세는 기원전 492년 사위인 마르도니우스를 사령관으로 삼고 어마어마한 병력을 앞세워 아테네로 출발했어. 그리고 우선 그리스 북부 지역인 트라키아를 공격했고, 수백 척의 배를 몰아 에게해를 건너게 했어. 페르시아 군대의 모습을 보고 겁을 먹은 에게해 연안에 위치한 도시 국가들은 싸움도 변변히 해 보지 못하고 페르시아에 항복을 선언해 버렸지.

그런데 아테네로 향해 가던 해상 군대에 문제가 생겼어. 갑자기 몰아친 폭풍우에 300여 척의 군함이 모두 가라앉고 약 2만 명의 군사가 전멸해 버린 거야. 페르시아 군대는 아테네와 싸움도 해보지 못하고 다시 돌아올 수밖에 없었어.

첫 번째 원정에 실패한 다리우스 1세는 기원전 490년 다시 아테네를 향해 원정길에 올랐어. 다리우스 1세의 형제 아르타페네스와 장군 다티스가 이끄는 20만 명의 군사를 배에 태워 에게해를 건넜지. 발칸반도의 오른쪽 끝에 도착한 페르시아 군대는 아테네로 진격할 준비를 했어. 다리우스 1세는 페르시아 군대에게 유리한 마라톤 평원에서 아테네 군대를 박살 낸 뒤 아테네 도시를 점령할 전략을 세웠지.

이때까지만 해도 모두 페르시아가 전쟁에서 이길 것이라고 생각했어. 그래서 아테네가 주변 도시 국가들에게 병사를 보내 달라고 요청해도 아테네에 적대적인 폴리스들이 이 기회를 이용하여 협조하지 않았지. 결국 1만 명도 안 되는 아테네 군대는 페르시아 군대를 맞아 죽기 살기로 맞서 싸웠어.

뜻밖에도 결과는 아테네 군대의 승리였어. 발 빠른 아테네 군대의 대응에 다리우스 1세는 눈물을 머금고 페르시아로 돌아가야 했어. 다윗과 골리앗의 싸움에서 몸집이 작은 다윗이 이긴 것과 같은 결과

> 발칸반도는 유럽의 남부로 지중해와 에게해 사이에 튀어나온 육지야. 그리스와 루마니아, 터키 등이 이곳에 포함되어 있어.

였지.

두 번째 원정까지 실패로 돌아가자 다리우스 1세는 분해서 죽을 지경이었어. 다리우스 1세는 만반의 준비를 갖춰 다시 아테네를 쳐부수고야 말겠다고 결심했지. 하지만 꿈을 이루지 못하고 세상을 떠나고 말았단다.

아테네와 페르시아 사이에 잠시 평화의 시간이 찾아왔어. 페르시아와 아테네 모두 평화의 시간이 오래가지 않을 걸 알고 있었어. 아테네는 주변 도시 국가들과 함께 페르시아의 재침략에 대비해 전투력을 키웠어. 아테네가 무너지면 주변 국가들도 곧 페르시아의 땅이 될 게 분명해 보이자 주변 국가들도 아테네를 도와주기로 한 거야.

반면 다리우스 1세의 아들인 크세르크세스 1세는 아버지의 소원이었던 아테네 정복을 꼭 이뤄야겠다고 다짐했어. 그래서 2차 원정인 마라톤 전투에서의 패배 뒤 10년이란 시간 동안 함대를 구축하고 병사를 키웠어. 마침내 기원전 480년, 페르시아는 세 번째 아테네 정복 길에 올랐어. 배 1200여 척과 수많은 군사를 이끌고 그리스 도시 국가를 한번에 정복하겠다는 전략이었어.

그리스 연합군은 해군과 육군으로 나뉘어 페르시아 군대와 대항하기로 했어. 페르시아의 육군은 테르모필레 지역에서 스파르타가 맡고, 페르시아의 해군은 아르테미시온 지역에서 아테네가 맡기로 했어. 스파르타의 레오니다스왕은 페르시아 군대를 맞아 열심히 싸웠어. 하지만 막강한 군사력과 숫자로 밀어붙이는 페르시아 군대를 막아 내지 못하고 300명의 스파르타 정예군과 함께 장렬히 전사하고 말았지.

그리스의 밀집 방진과 중장 보병

그리스의 병사들은 적에 맞설 때 밀집 방진을 이루었어. 밀집 방진이란 병사들이 앞뒤로 빽빽하게 모여 단단한 사각형 모양을 만들어 적의 대형을 무너뜨려 싸우는 방법을 말해. 병사들은 투구, 흉갑, 청동 방패, 정강이 싸개로 몸을 보호했어. 무기로는 주로 2미터 길이의 창을 사용했지. 이렇게 단단히 무장을 한 군인을 '중장 보병'이라 불렀는데, 이들은 고대 그리스 군대의 가장 중요한 병사였어. 아테네가 승리할 수 있었던 원동력이기도 했지.

▲ 단단히 무장한 숭상 모멍의 모습

▲ 빽빽하게 모인 밀집 방진의 모습

▲ 자크 루이 다비드가 그린 〈테르모필레 전투의 레오니다스〉야.
기원전 480년 테르모필레 지역에서 벌어졌던 페르시아군과 그리스 연합군 사이의 전쟁으로 레오니다스왕을 비롯한 그리스 연합군 대부분이 크세르크세스 1세가 이끈 페르시아 군대에게 전멸당했어.

페르시아의 3차 원정은 그렇게 페르시아의 승리로 끝나는 것처럼 보였어. 페르시아 군대는 위풍당당하게 군대를 이끌고 아테네 도시로 입성했지. 그런데 이상하게도 도시 안에 아무도 없는 게 아니겠어? 알고 보니 아테네 시민들이 살라미스섬으로 모두 도망을 가 버린 거야.

페르시아 군대는 살라미스섬으로 도망간 아테네 군대를 쫓기 위해 함대를 띄웠어. 사실 아테네 시민들이 살라미스섬으로 도망간 이유는 페르시아 군대를 바다로 불러내기 위한 계략이었어. 살라미스섬의 앞바다는 물살이 빨라서 배들이 자주 좌초되는 곳이거든. 아니나 다를까, 살라미스 해협으로 들어선 페르시아 군함들이 갈피를 못 잡고 우왕좌왕하는 틈을 이용해 아테네의 장군 테미스토클레스는 무차별적으로 페르시아 군함을 공격하기 시작했어. 그 많던 배들은 순식간에 부서졌고, 페르시아 군대는 전멸하고 말았지.

페르시아는 아테네를 차지하기 위해 세 번이나 원정길에 나섰지만, 결국 한 번도 이기지 못하고 전투를 끝내게 되었어. 이 싸움으로 아테네는 그리스에서 스파르타보다 강한 힘을 갖게 되었어.

> 좌초란 바닷속에 있는 바위나 산호에 배가 걸린 상태를 말해.

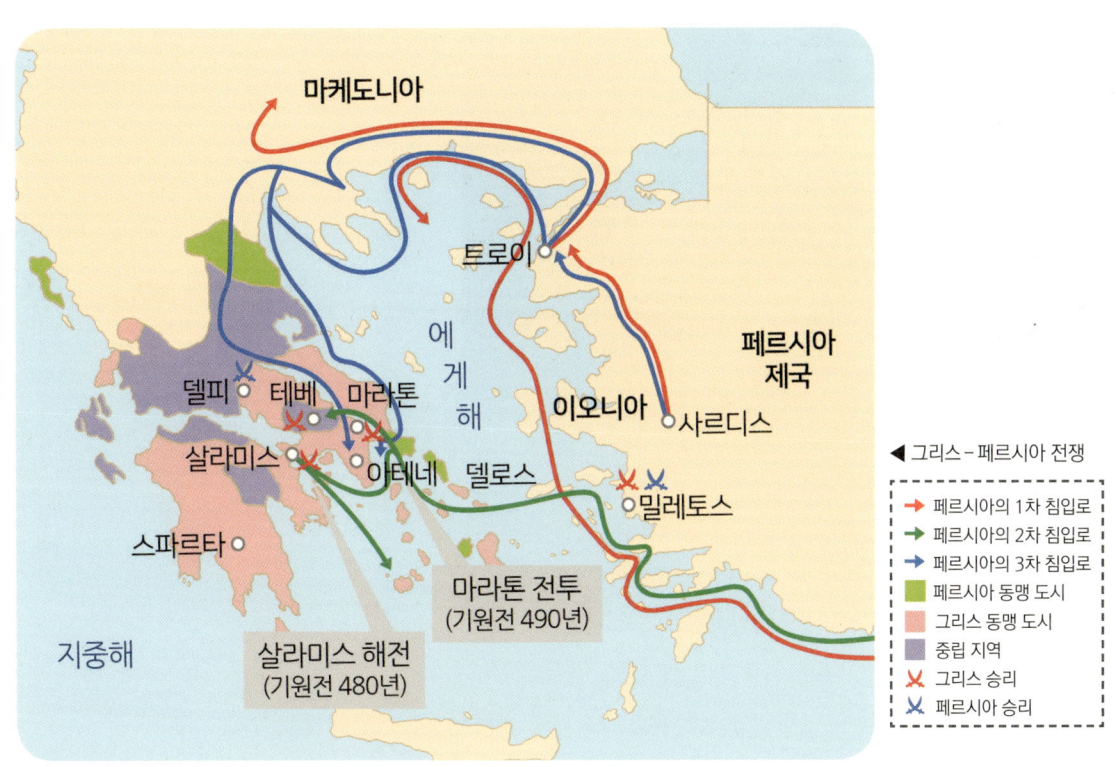

역사 속 상식 쏙

마라톤의 기원

기원전 490년 페르시아는 20만 명의 군사를 이끌고 아테네로 쳐들어왔어. 작은 도시 국가였던 아테네가 전투에 이길 것이라고 생각하는 사람은 아무도 없었어. 페르시아는 아테네에서 약 40킬로미터 정도 떨어진 마라톤 평원에서 전투를 해야겠다고 생각했어. 사방이 트인 평원에서 전투를 한다면 페르시아의 기병대가 반드시 이길 거라고 믿었기 때문이야. 하지만 전쟁의 결과는 정반대로 나타났어. 똘똘 뭉친 아테네 군대가 페르시아 군대를 이겨 버린 거야.

전투에 이긴 아테네 장군 밀티아데스는 아테네 시민들에게 승리 소식을 전하기 위해 병사 페이디피데스를 보냈어. 아테네 시민들은 언제 페르시아 군대가 쳐들어올까 전전긍긍하고 있는 상태였지. 병사는 조금도 쉬지 않고 아테네를 향해 달려갔어. 아테네에 도착한 병사는 시민들을 향해 "우리가 이겼다!"라고 알리고는 그 자리에 쓰러져 숨지고 말았지.

시민들이 이 병사를 기리기 위해 병사가 달려왔던 거리만큼 달리는 행사를 열었고, 훗날 42.195킬로미터가 마라톤의 정식 거리로 채택되었다고 해.

▲ 화가 뤽 올리비에 메르송이 마라톤 전투의 승리를 아테네에 알린 병사의 이야기를 그림으로 담아낸 거야.

▲ 아테네와 마라톤 평원까지의 거리가 약 40킬로미터였다고 해. 지금의 마라톤을 뛰는 거리가 여기에서 유래했대.

페르시아 제국의 분열

아테네와의 전투를 마친 뒤 페르시아로 돌아온 크세르크세스 1세는 아버지가 만든 페르세폴리스의 궁전 옆에 커다랗게 자신만의 궁전과 보물 창고를 만들고, 많은 후궁과 함께 살았어. 후궁들은 서로 권력을 갖기 위해 암투를 벌였고, 결국 크세르크세스 1세 역시도 권력 싸움으로 인해 암살당하고 말았지.

이후 페르시아 왕조는 왕족 내부의 권력 갈등으로 혼란을 겪게 된단다. 키루스 2세나 다리우스 1세와는 다르게 정복한 도시에 과도한 세금을 부과하거나 힘으로 시민들을 탄압해서 원망도 높아 갔어. 나라 곳곳에서 반란과 내분이 끊이지 않았고, 나라의 힘도 점차 약해졌지.

페르시아 제국의 마지막 황제는 다리우스 3세야. 권력을 잡고 있던 환관 바고아스는 왕과 왕자들을 살해하고 가장 힘이 약한 다리우스 3세를 왕위에 앉혔어. 바고아스는 왕을 마음대로 조종할 수 있을 것이라 생각했지만, 다리우스 3세는 호락호락하지 않았어. 바고아스를 제압하고 이집트 반란을 막아 왕의 위엄을 보여 주었지. 다리우스 3세는 옛 페르시아의 영광을 되찾기 위해 나라를 정비하기 시작했어.

하지만 이미 페르시아의 힘은 약해질 대로 약해진 상태였어. 알렉산드로스의 군대와 동맹군들이 쳐들어왔을 때도 속수무책으로 당할 수밖에 없었지. 그리스 동맹군과 벌인 이수스 전투에서 패한 페르시

> 평화 협정이란 군사적으로 대치하고 있는 나라나 지역에서 군사 행동을 중지하고 평화 상태를 회복하거나 우호 관계를 발전시키기 위하여 맺는 협정이야.

아는 에게해 연안의 땅을 그리스군에 넘겨주었지만 아직 서아시아 땅은 페르시아의 영토로 남아 있었어.

다리우스 3세는 그리스군과 평화 협정을 맺어야겠다고 생각했어. 하지만 그리스 동맹군을 이끌고 있던 알렉산드로스는 제안을 거절했어. 결국 기원전 331년 페르시아는 그리스 동맹군과 가우가멜라 평원에서 마지막 전투를 치르게 되었지.

다리우스 3세는 페르시아 기마대가 가장 잘 싸울 수 있는 평원에서 전투를 하려고 했어. 5만 명이 채 안 되는 그리스 동맹군보다 훨씬 많은 20만 명의 군사를 끌고 전투에 참여한 다리우스 3세는 충분히 전쟁에 이길 수 있을 것이라 생각했어. 하지만 알렉산드로스는 뛰어난 전략으로 다리우스 3세의 예상을 뒤집어 버렸어. 결국 두 번의 전투 모두 그리스 동맹군의 승리로 끝나고, 페르시아 제국은 멸망하고 말았단다.

▼ 가우가멜라 전투에서 도망가는 다리우스 3세

역사 속 상식 쏙

페르세폴리스

페르시아 제국은 왕이 바뀔 때마다 여러 곳으로 수도를 옮기곤 했어. 메디아 왕국의 수도였던 에크바타나, 바빌론, 수사 등이 페르시아의 수도가 있었던 곳이야. 페르시아 제국의 역대 왕 중에서도 가장 넓은 영토를 차지한 다리우스 1세는 페르세폴리스로 수도를 옮겼어. 마케도니아의 알렉산드로스에게 페르시아가 정복당할 때까지 이곳은 페르시아 제국의 수도였으며, 웅장하고 찬란한 유적들이 많이 남겨져 있지.

페르세폴리스는 테헤란(현재 이란의 수도) 남쪽에 있는 마르브 다슈트 평야의 쿠이라마트산 부근에 위치해 있어. 바위산을 깎아 단을 세운 뒤 그 위에 성문과 계단, 조각, 궁전 등을 만들었지. 다리우스 1세는 이곳에서 연회를 하거나 정복한 땅의 사신들이 보내오는 선물을 받곤 했대. 페르세폴리스의 궁전 벽면에는 사신국들이 조공을 바치기 위해 길게 늘어선 모양이 부조로 새겨져 있어. 페르세폴리스의 궁전은 전성기를 누렸던 당시 페르시아 제국의 위용을 느낄 수 있는 문화재라 할 수 있지.

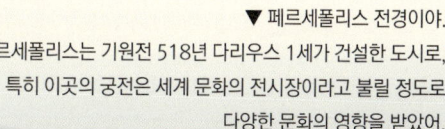
▼ 다리우스 1세

▼ 페르세폴리스 전경이야. 페르세폴리스는 기원전 518년 다리우스 1세가 건설한 도시로, 특히 이곳의 궁전은 세계 문화의 전시장이라고 불릴 정도로 다양한 문화의 영향을 받았어.

📖 세계사가 한눈에 쏙!

01 기원전 1500년 무렵 서아시아에는 히타이트, 아시리아, 바빌로니아 등 여러 개의 강력한 왕국이 자리 잡고 있었다. 또한 지중해를 중심으로 필요한 물품을 거래하면서 새로운 상업 도시가 등장하기 시작했다.

02 기원전 1200년 무렵 약 300년 동안 역사 기록이 남아 있지 않은 암흑시대가 찾아왔다. 암흑시대 이후 서아시아에는 신아시리아를 비롯해 신바빌로니아, 리디아, 메디아 등 여러 나라가 만들어졌다.

03 기원전 6세기 무렵 페르시아의 키루스 2세는 리디아, 메디아, 신바빌로니아를 정복하고 페르시아 제국 아케메네스 왕조 페르시아를 건국했다. 키루스 2세는 정복한 곳의 언어와 종교, 문화 등을 인정해 주는 관용 정책을 펼쳤다.

04 페르시아는 다리우스 1세 때 최전성기를 맞게 된다. 그는 키루스 2세의 관용 정책을 이어 갔다. 또한 전국 곳곳을 연결한 왕의 길을 만들어 정보와 물자의 유통을 촉진했다.

05 서아시아를 점령한 다리우스 1세는 아시아를 넘어 유럽 쪽으로 영토를 확장할 계획을 세운다. 그리하여 두 차례에 걸쳐 그리스로 원정을 떠났으나 실패했다.

06 아테네와 세 번의 전쟁을 치르면서 페르시아 제국의 국력은 많이 약해졌다. 결국 알렉산드로스가 이끄는 그리스 동맹군에 의해 페르시아 제국은 멸망하고 말았다.

2장
그리스 세계

| 암흑시대의 그리스
| 지중해의 폴리스 탄생
| 그리스의 대표 폴리스, 스파르타와 아테네
| 그리스를 기울게 한 펠로폰네소스 전쟁
| 알렉산드로스의 동방 원정
| 동서양의 결합, 헬레니즘 문화
| 대표적인 헬레니즘 미술 작품, 밀로 비너스
| 헬레니즘 문화의 흔적, 간다라 미술

우리나라에서는 만으로 19세가 되면 누구에게나 투표권이 생긴다는 것을 알고 있지? 지금은 민주주의와 선거 제도가 당연하게 마련된 정치 제도처럼 보일 거야.

하지만 200년 전만 해도 모든 사람에게 투표권이 보장되지 않았어. 대부분 신분 제도가 있어서 높은 신분의 사람들만 정치에 참여할 수 있었단다.

그런데 지금으로부터 2500년 전에 이미 민주주의가 꽃피웠던 곳이 있었어. 바로 그리스야.

고대 그리스는 우리가 알고 있는 지금의 나라와는 조금 달라. 한 나라에 한 명의 왕이 다스리는 국가 형태가 아니라 도시 국가들이 모여 만들어졌기 때문이지.

고대 그리스에 만들어졌던 아테네, 스파르타와 같은 도시 국가들이 어떻게 힘을 키우고 민주주의를 발전시켰는지 한번 살펴보기로 할까?

▼ 고대 그리스 유적

암흑시대의 그리스

에게 문명은 에게해 지역에서 청동기와 선문자 사용을 바탕으로 발달한 해양 문명이었어. 그중 가장 먼저 발전한 크레타 문명은 기원전 2000년 무렵부터 크레타섬에서 전성기를 맞이하였지. 크노소스 궁전 터에서 발굴된 항아리들과 프레스코화 등에서 크레타 문화를 엿볼 수 있어. 크레타 문명은 해상 무역 활동을 통해 오리엔트 문명을 받아들여 발전하였어. 하지만 기원전 14세기에 그리스 본토에서 내려온 미케네인과 자연 재해로 멸망하게 돼.

미케네 문명을 발달시킨 사람들은 아카이아인이야. 청동기 시대를 거쳐 미케네 문명은 황금시대가 이어진단다. 그리스 펠로폰네소스반도를 시작으로 영역을 넓혀 가더니 지중해 동해안 지역에 위치한 소아시아까지 힘을 뻗쳤지.

> 오리엔트란 문명의 발상지인 고대 이집트, 메소포타미아를 이르는 말이야.

> 미케네 문명은 크레타 문명을 계승하였단다.

▲ 크노소스 궁전의 프레스코화

하지만 미케네 문명은 기원전 12세기 무렵 도리스인의 이주와 해상 민족의 침입으로 몰락하였어. 이후 어떤 이유에서인지 그리스는 외부와 연결이 끊겨 버리게 돼. 그 시대에 대한 기록도 거의 남아 있지 않아. 그렇게 그리스 세계는 수세기 동안 도시가 파괴되고 문자 기록이 없는 '암흑시대'를 맞이하였어.

300여 년의 시간이 흐른 뒤 그리스 지역에서도 서서히 새로운 바람이 불기 시작했어. 끊겼던 상업 활동이 다시 활발해지고 도시를 중심으로 사람들이 모여들기 시작한 거야. 에게해 주변 도시에 수천 명씩 모여 사는 폴리스가 생겨나기 시작했어.

▲ 에게해의 문명들

▼ 미케네 도자기야.
칼을 든 전사나 전차의 모습은 미케네의 도자기에서 종종 볼 수 있어. 이건 크레타 문명 출토품에서는 볼 수 없었지.

▲ 사자문이야.
미케네성의 정문이지.

지중해의 폴리스 탄생

폴리스란 고대 그리스에 있었던 도시 국가를 말해. 그리스는 폴리스 단위로 각자 행정 기구와 군사 시스템을 갖추고 있어서 이 하나가 마치 작은 국가 같았어. 에게해 주변 소아시아 지역의 폴리스 역시 그리스 본토에서 넘어온 사람들이 만든 것이었지.

그리스 본토에서는 무역 활동이 활발해지면서 인구가 계속 늘어났어. 인구 과잉 문제를 해결하기 위해서는 더 넓은 땅이 필요했지. 그렇게 그리스 본토와 에게해 주변에 폴리스 수백 개가 만들어졌어. 힘을 키운 폴리스는 바로 옆의 폴리스를 공격해 영토를 넓혀 갔지. 전쟁이 일어나면 언제나 기병이 앞장서 전투에 참여했어. 당시 기병은 귀족들만이 될 수 있었어. 신분적 제한을 둔 것은 아니나 드는 비용이 높아서 귀족이 아닌 사람은 경제적으로 감당하기 어려웠거든. 기병들은 전쟁에 승리하고 전리품을 나눠 가지며 부를 축적했지.

> 전리품은 전쟁에 이겨 적에게서 뺏은 물건을 말해.

올림피아 제전

고대 그리스는 하나의 국가가 아니었어. 그리스 본토와 에게해 주변의 섬들은 각각의 도시 국가를 형성하고 살았지만, 서로 뿌리는 같다고 생각했지. 폴리스끼리 전쟁을 하다가도 4년에 한 번 제우스에게 제사를 지낼 때는 같이 모였어. 올림피아에 있는 제우스의 신전에 각 폴리스 대표가 모여 제사를 지냈지.

기원전 776년 처음 시작된 올림피아 제전은 제사를 지내는 데서 더 나아가 함께 어울려 경기를 펼치는 축제로 발전했어. 이 기간 동안 폴리스들은 전쟁을 멈추고 함께 운동하며 올림피아 신전에서 제사를 지냈지. 제전은 7월에서 9월 중 보름달이 뜨는 날에 시작하여 5일 동안 계속되었는데 레슬링, 전차 경주, 마라톤 등 10여 가지 종목을 정해서 실력을 겨루었어. 경기에서 우승한 사람에게는 월계관을 씌워 주었지.

▶ 지금은 흔적만 남아 있는 제우스 신전이야. 페이시스트라토스 때 아테네에 세워졌어.

올림피아 제전에 참가할 수 있는 사람은 폴리스에서 시민권을 가진 사람들이었어. 농민, 노예, 여자들은 참여할 수 없었으며 시민이라도 죄를 지은 사람은 참가할 수 없었지. 기원전 8세기부터 시작된 올림피아 제전은 로마 제국이 그리스를 정복할 때까지 이어졌으며, 로마 제국이 크리스트교를 국교로 정하면서부터는 열리지 않았어.

고대 그리스의 올림피아 제전은 근대 '올림픽'의 모델이 되었어. 프랑스의 쿠베르탱은 전쟁에 패한 프랑스 국민들의 사기를 올리기 위해 고대 그리스의 올림피아 제전을 다시 시작하기로 했어. 그는 1894년 국제 올림픽 위원회(IOC)를 창설한 뒤 1896년에 아테네에서 제1회 근대 올림픽 대회를 개최했어. 그 이후로 4년에 한 번씩 세계 각국의 선수들이 올림픽에 참가해 경기를 펼치고 있단다.

고대 올림피아 제전이 전쟁을 멈추게 했던 평화 제전이었다면, 근대 올림픽은 국제 스포츠 대회로 인식이 바뀌었어. 제1, 2차 세계 대전이 한창이던 1916년과 1940년, 1944년에는 경기가 열리지 못한 적도 있단다.

▲ 쿠베르탱

◀ 풍요의 뿔을 잡고 있는 제우스의 모습을 한 대리석상

그리스의 대표 폴리스, 스파르타와 아테네

그리스의 대표적인 폴리스에는 스파르타와 아테네가 있어.

스파르타는 군대를 중심으로 나라가 움직이고 있었어. 농사는 노예들이 도맡아 하고, 귀족들은 어릴 적부터 특별 시설에서 군인으로 훈련받았어. 30세가 될 때까지는 군대에서 집단생활을 하다, 30세가 넘으면 도시에서 살 수 있었지. 그러나 나이가 많은 사람들도 전쟁이 일어나면 다시 군인이 되어 전투에 참가하곤 했단다. 여자라고 예외는 아니었어. 여자들도 군대에 들어가 군사 훈련을 받고 군인이 되어야 했지.

그리스의 남부에 혹처럼 붙어 있는 커다란 반도가 펠로폰네소스반도야. 그리스 본토와 달리 내륙에 넓고 비옥한 평야가 펼쳐져 있지. 펠로폰네소스반도 남부 지역을 장악한 스파르타인들은 원주민을 노예로 부렸고, 그 뒤 원주민들이 반란을 일으켜. 스파르타가 병영 국가가 된 것은 원주민의 반란을 막기 위해서이기도 해.

스파르타에서 태어난 사람은 싫어도 무조건 정해진 규칙에 따라 살아야 했어. '스파르타식 훈련'이라는 말을 들어 봤을 거야. 엄격한 형식의 훈련을 의미하는데, 고대 그리스의 스파르타에서 생겨난 말이란다. 하지만 이 덕분에 스파르타는 주변 폴리스를 정복하고 펠로폰네소스반도에서 가장 강력한 폴리스가 될 수 있었어.

스파르타와 함께 그리스를 대표하는 폴리스인 아테네는 스파르타와는 다르게 사람들이 평등하게 정치에 참여하는 민주주의 도시 국가였어. 물론 처음부터 아테네가 민주주의 제도에 따라 운영되었던 것은 아니야.

아테네도 다른 폴리스들과 마찬가지로 처음에는 왕이 중심이 되어 움직이던 도시 국가였어. 그러다 얼마 뒤, 귀족 회의를 열어 나라의 중요한 일을 결정하게 되었지. 여전히 평민들에게는 어떤 권한도

▲ 기원전 800년 무렵 에게해에 있던 대표적인 폴리스들

없었어. 그런데 아테네는 전 국민이 참전 용사였어. 그러다 보니 당연히 신분 차별이 약해질 수밖에 없었지. 게다가 살라미스 해전에서 승리하면서 사회의 하층민이었던 수병의 지위가 올라갔고, 아테네의 상공업이 번영기를 맞으며 상공업자들의 지위도 올라갔지. 전쟁 전에도 아테네에서는 평민층의 성장이 두드러졌으니 전후에는 말할 것도 없었어.

아테네는 평민들의 의견을 더는 무시할 수 없게 되었어. 그래서 재산을 많이 갖고 있는 평민들에게 정치에 참여할 수 있는 기회를

수병은 해군의 병사를 뜻해.

▲ 솔론

열어 주었어. 바로 솔론의 개혁이었지. 하지만 부자에게만 기회를 주었기 때문에 모두에게 평등한 것은 아니었어.

그 뒤 클레이스테네스가 등장해 모든 시민에게 평등한 참정권을 부여하면서 본격적인 민주 정치가 시작될 수 있었어. 아테네의 평의회는 시민들이 선출한 대표자 500명으로 이루어졌는데, 이 회의를 통해 국가의 중요한 일이 결정되었어.

기원전 5세기 중엽 무렵 페리클레스가 다스리던 시기에는 모든 성인 남자 시민이 민회에 참석하여 정치에 참여할 수 있었어. 1만 명이 넘는 시민들이 광장에 모여 토론을 한 뒤 정책을 결정지었어. 하지만 참정권이 완벽히 모든 사람들에게 주어진 것은 아니야. 참정권은 오직 성인 남자에게만 주어졌어. 참정권을 가진 사람은 전체 인구 중에서 약 10퍼센트밖에 되지 않았다고 해.

▲ 클레이스테네스

페리클레스 ▶

도편 추방제

'오스트라키스모스'라고도 해. 독재자의 재현을 막기 위해서 클레이스테네스가 설치하였지. 이 제도는 아르고스에서도 실시되었어. 비슷하게는 시라쿠사에서도 똑같은 목적으로 '엽편 추방'이 실시되었지만, 가장 유명한 것은 아테네의 도편 추방제였지. 그러나 추방되더라도 당사자의 명예나 시민권·재산권과는 상관없이 10년만 외지에서 지내면 귀국할 수 있게 되어 있었어.

추방자 결정은 이른 봄 민회에서 도편 추방제를 시행할지 말지를 거수로 결정하고, 그 뒤 아고라에서 국가에 해를 끼칠 위험한 인물의 이름을 도자기 파편에 기입하는 비밀 투표를 했지. 그 당시 도자기 사업이 발달하여 가장 손쉽게 구할 수 있는 것이 도자기 파편이었다고 해. 여기에서 이름을 따 도편 추방제라고 한 거야. 하지만 도편 추방제가 독재자를 막는 데만 이용된 것은 아니었어. 교활한 정치인들은 경쟁자를 견제하기 위해 도편 추방제를 악용하기도 했지. 경쟁자에 대해 나쁜 여론을 형성한 뒤 아테네에서 내쫓아 버린 거야. 살라미스 해전을 승리로 이끌었던 테미스토클레스 역시 도편 추방제에 따라 아테네에서 추방되어 페르시아로 망명하기도 했지.

> 민회란 폴리스에서 열리던 시민 총회를 말해.

기원전 417년 히페르보로스를 마지막으로 이 제도는 사라졌어. 근래에 아테네의 아고라에서 투표에 사용된 인명을 기입한 도편이 다수 출토되었는데, 그중 테미스토클레스의 것이 가장 많았고 말리쿠세스라는 인물의 이름을 기입한 것도 250장 정도 발견되었다고 해.

▲ 도편 추방제 때 사용했던 도자기 조각들이야.
조각난 도자기에 추방할 사람의 이름을 적어 투표에 붙였어.

아테네의 아크로폴리스와 아고라

그리스의 폴리스는 대부분 비슷한 구조를 갖고 있었어. 폴리스의 중심에는 대부분 높은 언덕이 있었고, 이곳에 신전을 세웠어. 그리스어로 '아크로스'는 '높다'라는 뜻인데, 아크로폴리스는 이 아크로스라는 단어에서 유래한 것으로 보여. 폴리스 중에서도 가장 높은 곳에 위치해서 전쟁이 나면 피난처가 되었고, 중요한 보물을 숨기는 금고로 사용하기도 했어.

현재까지 남아 있는 아크로폴리스 중에서는 아테네의 것이 가장 유명해. 아테네의 아크로폴리스는 동서남북 중 서쪽 면을 제외하고는 절벽으로 되어 있어 외부의 침입에 비교적 안전한 곳이었어. 이곳에는 파르테논 신전과 음악당, 아고라와 제우스의 신전이 세워져 있어. 이곳은 유네스코 세계 문화유산으로 지정되어 있지.

아크로폴리스와 함께 폴리스에 있었던 중요한 장소는 바로 '아고라'야. 아고라는 많은 사람들이 함께 모일 수 있는 광장으로, 토론을 하거나 민회를 열고 재판을 했던 곳이야. 또한 사람들은 아고라에 모여 시장을 열고 경제 활동을 했어. 사람을 만나고 사적인 관계를 연결해 주는 사교의 장이기도 했던 거지. 아고라는 사람들이 많이 모일 수 있는 항구 주변이나 도시 중심에 세워졌단다.

▼ 파르테논 신전

그리스를 기울게 한 펠로폰네소스 전쟁

그리스 세계는 페르시아 전쟁 이후 크게 바뀌었단다. 2차 페르시아 전쟁 때 페르시아가 스파르타의 군대를 무찌르고 아테네까지 쳐들어왔거든. 다행히 아테네는 테미스토클레스의 전략으로 3차 페르시아 전쟁 때 살라미스만에서 페르시아의 엄청난 군대를 전멸시켰지. 그 뒤 그리스 권력의 중심은 스파르타에서 아테네로 바뀌게 되었어.

페르시아 전쟁이 끝난 기원전 479년에서부터 기원전 431년까지 그리스 본토에는 잠시 평화의 시대가 찾아왔어. 하지만 평화도 잠시, 아테네가 주도권을 쥐고 그리스의 폴리스들을 마음대로 움직이려 하자 스파르타를 중심으로 아테네에 반기를 드는 세력이 생겨나기 시작했어.

▲ 테미스토클레스야. 고대 그리스의 장군이자 정치가로, 아테네를 그리스 제일의 해군국으로 이끈 사람이기도 해.

페르시아와의 전쟁 뒤 그리스의 폴리스들은 언제 다시 페르시아가 쳐들어올지 몰라 전전긍긍했어. 이에 대한 대비로 페르시아에 대항할 군인과 자금을 미리 준비하기로 폴리스들끼리 합의를 했지.

이 동맹에 참여한 폴리스들은 연합군에 함대를 내놓아야 했고, 함대를 내놓지 못한 폴리스는 돈을 내야 했어. 폴리스들이 낸 군사 자금은 델로스 지역에 있는 금고에 보관하기로 결정했지. 이렇게 금고가 있던 델로스라는 지명을 따서 동맹 이름을 델로스 동맹이라 한 거야.

▲ 독일의 작가 J.G. 보그트의 목판화 〈시칠리아 전투에서 참패한 아테네군〉

델로스 동맹을 처음 맺을 때 모든 폴리스들은 동등한 권한을 가지고 있었어. 하지만 동맹은 점차 아테네를 중심으로 움직이기 시작했어. 아테네가 페르시아와의 전투에 큰 공을 세운 뒤로는 군대도 더욱 강해졌고, 그리스 내에서 발언권도 세졌기 때문이지. 아테네는 델로스에 있던 군사 자금을 아테네로 옮겼고, 자금을 마음대로 사용하기 시작했어.

그런데도 주변 폴리스들은 아테네의 힘에 눌려 반항하지 못했어. 폴리스들의 불만은 점점 커져 갔고, 그리스 내에서 아테네만큼 강한 발언권이 있던 스파르타를 중심으로 하여 아테네에 저항하는 폴리스 연맹이 생기게 되었지. 바로 아테네의 세력 확대와 권력 독점을 반대하는 펠로폰네소스 동맹을 결성하게 된 거야.

결국 그리스 본토에서는 아테네파와 스파르타파로 나뉘어 폴리스들 간의 큰 전쟁이 일어났어. 펠로폰네소스반도를 중심으로 전쟁이 일어났기 때문에 '펠로폰네소스 전쟁'이라고 부르는데, 고대 그리스 세계의 운명을 바꾼 큰 규모의 전쟁이었어.

전쟁은 자그마치 30여 년이나 계속되었고, 전쟁의 피해는 엄청났어.

▲ 아르테미스(왼쪽)와 아폴론(오른쪽)

아테네는 기원전 404년 마침내 스파르타에게 항복을 하고 말았어. 전염병과 전쟁으로 아테네 시민의 절반이 목숨을 잃었고, 도시는 파괴되었어. 아테네만큼 스파르타와 다른 폴리스의 피해도 컸어. 펠로폰네소스 전쟁 이후 아테네는 쇠퇴하였고, 스파르타는 계속되는

▼ 델로스섬의 유적지야. 델로스는 조그마한 섬이지만, 매우 신성한 장소로 여겨졌어. 왜냐하면 그곳에서 태양의 신인 아폴론과 달의 여신인 아르테미스가 태어났다고 하거든. 그러니 사람들은 이곳을 최고의 성지로 여겼지. 델로스에서 동맹을 결성한 것도 그만큼 신성한 장소이기 때문이야.

아테네의 반란을 진압하는 과정에서 쇠퇴하게 돼. 그 틈을 타서 테베가 성장해 아테네, 스파르타, 테베가 계속 부딪히면서 그리스 세계는 전체적으로 쇠퇴하게 돼.

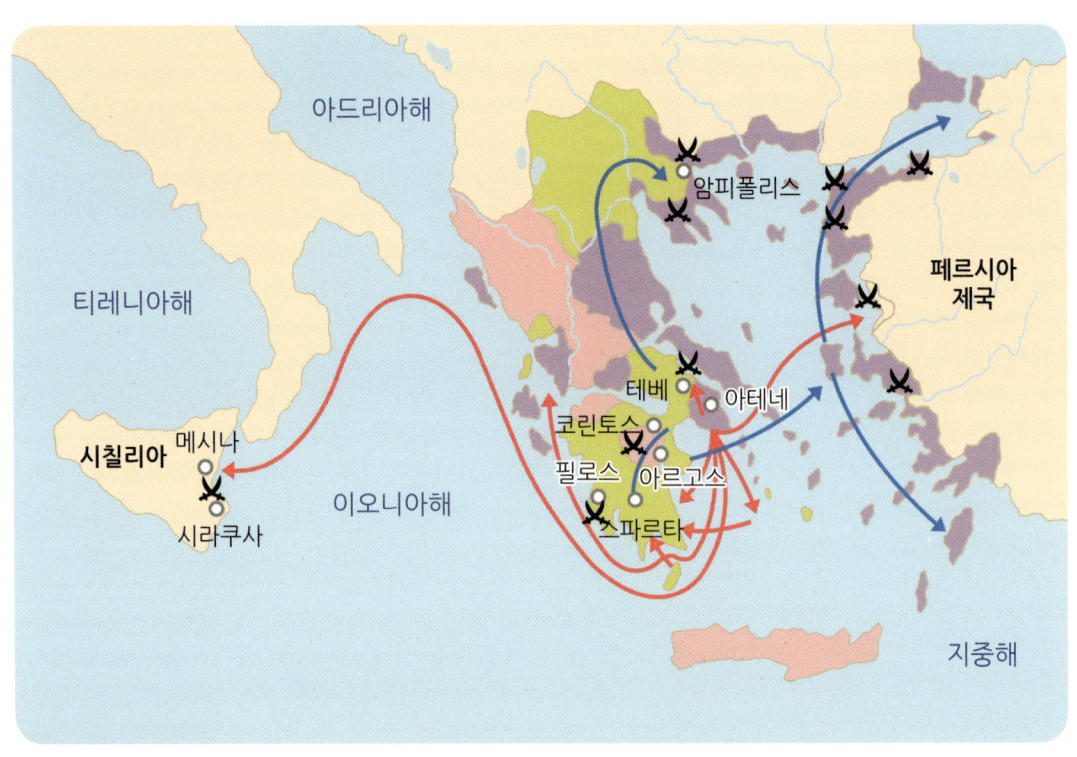

▲ 펠로폰네소스 전쟁 전개도

- 델로스 동맹을 맺은 나라
- 펠로폰네소스 동맹을 맺은 나라
- 중립 지역
- → 아테네군의 진로
- → 스파르타군의 진로
- ✕ 전투 지역

알렉산드로스의 동방 원정

펠로폰네소스 전쟁 이후 강력했던 폴리스의 힘은 많이 약해졌어. 그 틈을 타고 북부 그리스 지역에서는 새로운 세력이 커 가고 있었지. 마케도니아의 필리포스 2세가 군대를 훈련시키며 힘을 키우고 있었던 거야.

　어느새 폴리스들은 막강한 군대를 거느리고 있는 마케도니아를 위협적으로 느꼈어. 테베는 마케도니아를 공격했어. 하지만 강해질 대로 강해진 마케도니아 군대를 이길 수 없었지.

　필리포스 2세는 그리스 연맹을 만들어 페르시아를 정복할 계획을 세웠어. 하지만 안타깝게도 꿈을 이루지 못했어. 마케도니아 왕가의 내분에 얽혀 암살당했기 때문이야. 기원전 336년의 일이었지.

▲ 필리포스 2세

　필리포스 2세의 뒤를 이어 20세의 젊은이가 왕이 되었어. 이 젊은이가 바로 한때 칭기즈 칸에 이어 세계에서 가장 넓은 영토를 차지했던 알렉산드로스야. 알렉산드로스는 결단력과 실행력이 뛰어났어. 왕권을 각인시켜야 할 때는 단호하게 힘을 보여 주고, 주민들을 보듬어야 할 때는 아량을 베풀어 용서할 줄 알았지. 그래서 어린 나이에도 불구하고 부하들은 알렉산드로스를 믿고 따를 수 있었던 거야.

　그렇지만 테베가 반란을 일으켰어. 20대의 젊은이가 마케도니아의 왕이 되었으니, 어린 왕이라고 얕잡아 봤던 거야. 알렉산드로스는 반란을 일으킨 테베를 재빨리 공격해서 제압하고 테베인을 모두 노예로 삼아 버렸어. 자신에게 반기를 들면 얼마나 처참한 처지에 놓일지 본보기로 보여 주려고 말이야. 주변의 폴리스들은 마케도니아의 힘 앞에 조용히 무릎을 꿇었어.

그리스가 안정되자 알렉산드로스는 그리스 연합군을 이끌고 페르시아로 진격했어. 아버지 필리포스 2세의 꿈을 실현시키기 위해서 말이야. 마케도니아의 강한 기병대와 그리스 연합군의 공격을 막아 낼 나라는 많지 않았지. 서아시아를 지배하고 있던 페르시아마저도 알렉산드로스 앞에 무릎을 꿇었어. 200년을 이어 온 페르시아 제국은 기원전 331년, 가우가멜라 전투에서 그리스 연합군에 패배하고 말았단다.

알렉산드로스는 계속 동쪽으로 영토를 넓혀 갔어. 알렉산드로스가 30세가 되었을 때 마케도니아의 영토는 그리스 본토는 물론 오늘날 이집트에서 인도까지 확장되었어.

알렉산드로스는 진격을 멈추지 않았어. 땅이 연결되어 있는 한 동쪽으로 계속 영토를 넓히고 싶었거든. 더구나 막강한 인도의 코끼리

◀ 알렉산드로스

부대까지 격파하자 알렉산드로스는 인더스강 너머까지도 금방 정복할 수 있을 것 같았어.

하지만 알렉산드로스는 인더스강에서 발길을 돌려야 했어. 알렉산드로스가 전쟁을 멈출 생각을 하지 않자 병사들이 들고일어났거든. 오랜 전투로 지친 병사들은 집으로 돌아가고 싶었던 거야. 결국 병사들의 반발로 알렉산드로스는 잠시 퇴각하기로 결정했어.

33세가 되었을 때 알렉산드로스는 바빌론으로 돌아왔어. 원래 계획은 잠시 쉬었다가 다시 아라비아로 진격할 계획이었지. 하지만 원정의 꿈은 이루어지지 못했어. 바빌론에 돌아온 알렉산드로스가 병에 걸리고 말았거든. 끝내 병을 이기지 못한 알렉산드로스는 33세라는 젊은 나이에 세상을 떠났어.

알렉산드로스는 10년이 조금 넘는 짧은 기간 동안 아주 넓은 영토를 차지할 수 있었어. 이렇게 짧은 기간에 넓은 영토를 차지할 수 있었던 것은 알렉산드로스의 뛰어난 전략 때문이었어. 어려서부터 아버지를 따라 전쟁터를 누비고 다녔던 알렉산드로스는 기병을 운용하는 능력이 뛰어났

> 코끼리 부대는 병사들이 코끼리를 타고 적을 공격하도록 만들어진 부대로, 인도뿐 아니라 후기 그리스 군대에도 있었어.

▶ 히다스페스강 부근에서 벌어신 인도의 코끼리 부대와의 전투 모습을 그린 그림이야.

▲ 기원전 323년 알렉산드로스가 죽기 직전의 영역

어. 새로운 군사 전략으로 적들을 짧은 시간 안에 크게 승리할 수 있었던 거지. 무엇보다 정복한 땅의 현지 주민을 존중하는 그의 정책은 정복에 의한 영토 확장이 가능했던 핵심이라 할 수 있어.

혹시 아케메네스 왕조 페르시아를 건설한 키루스 2세를 기억하니? 알렉산드로스는 아케메네스 왕조 페르시아의 키루스 2세가 정복지에서 펼쳤던 정책을 그대로 따라 했던 거야. 현지인의 종교와 관습, 토착 권력을 존중해 주고, 정복한 뒤에도 억압하지 않고 그들이 계속 통치할 수 있도록 내버려 두었어. 이 덕분에 정복지에서 큰 반란이 없었고, 안심하고 동쪽으로 계속 나아갈 수 있었던 거야. 힘으로 정복하더라도 계속해서 반란이 일어나고 저항이 거세면 쉽게 앞으로 나아갈 수 없는 법이거든.

　알렉산드로스가 이룩한 알렉산드로스 제국은 대왕이 죽자마자 세 갈래로 나뉘고 말았어. 이집트 지역에는 프톨레마이오스 왕국이, 소아시아와 이란 지역에는 셀레우코스 왕국이, 그리스 본토에는 안티고노스 왕국이 들어섰어. 거대 알렉산드로스 제국이 채 20년도 버티지 못하고 사라져 버린 거야.

　하지만 알렉산드로스의 동방 원정은 세계 문화에 지대한 영향을 미치게 돼. 지중해를 중심으로 서로 다른 색을 띠며 자라 온 동쪽과 서쪽의 문화가 섞이게 되었거든.

▼ 기원전 270년 무렵
세 갈래로 나뉜 알렉산드로스 제국

역사 속 재미 쏙

오늘날의 마케도니아는 어디일까?

지중해 연안과 서아시아를 주름잡던 마케도니아 왕국은 현대에는 아주 작은 나라가 되었어. 그리스 위쪽의 발칸반도 한가운데 있으며, 그리스, 불가리아, 세르비아, 알바니아에 둘러싸여 있지. 면적은 전라남도와 전라북도를 합한 크기, 약 2만 5천 제곱킬로미터 정도야.

오랫동안 주변국들은 마케도니아를 차지하려고 전쟁을 많이 일으켰으며, 20세기 초에는 그리스와 세르비아의 영토가 되기도 했어. 마케도니아는 1929년 유고슬라비아 연방 공화국에 통합되었다가 1991년에 독립했지. 이곳은 지금도 다양한 민족이 섞여 살면서 내전이 끊이지 않고 있어.

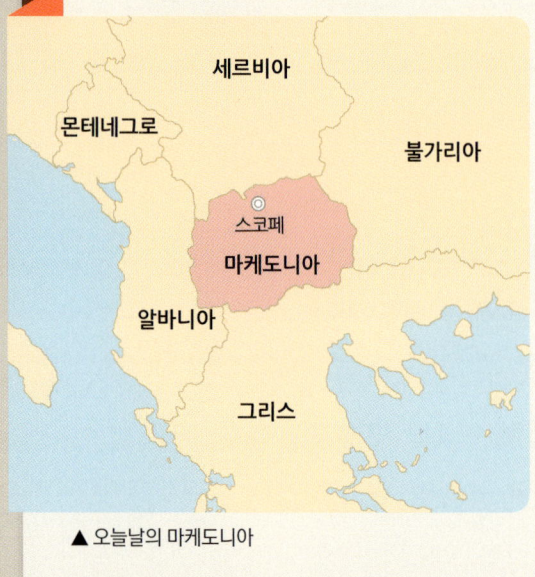
▲ 오늘날의 마케도니아

동서양의 결합, 헬레니즘 문화

알렉산드로스가 페르시아를 정복하고 가장 먼저 진행한 정책은 바로 페르시아 공주와 결혼하는 것이었어. 페르시아가 다스렸던 넓은 지방을 짧은 시간에 마케도니아에 복속하려고 선택한 방법이었지. 알렉산드로스는 자신뿐 아니라 부하들 역시 페르시아의 왕족들과 결혼할 수 있게 적극적으로 후원했어. 결혼으로 새로운 관계를 맺는 동시에 페르시아 지방의 반란도 미리 막을 생각이었던 거야.

앞에서 얘기한 것처럼 알렉산드로스 대왕은 정복한 지역민의 문

> 복속은 복종하며 섬겨 따른다는 뜻이야.

화와 언어, 풍습 등을 인정해 주었어. 이 과정에서 그리스 연합군이 본디 생활하는 방법과 현지의 생활 방식 등이 자연스럽게 섞이게 되었어. 그러면서 페르시아의 문화와 그리스 문화의 특징이 섞이며 독특한 문화가 만들어지게 된 거야.

알렉산드로스가 페르시아를 정복하고 난 뒤 로마 제국이 쳐들어오기까지 그리스, 서아시아, 이집트 등에서 번성했던 문화를 '헬레니즘 문화'라고 부른단다. 헬레니즘이라는 말은 '그리스화'를 뜻하는 말이야. 그리스 사람들을 헬레니스라고도 불렀거든.

여기서 헬레니즘 문화란, 알렉산드로스가 살아 있을 때가 아닌 죽고 난 뒤 만들어진 문화라고 표현하는 것이 더 정확할 거야. 앞서 알렉산드로스가 죽고 난 뒤 마케도니아 왕국은 세 갈래로 나뉘었다고 했지? 각각의 나라는 정통성을 확보하고자 그리스 문화를 적극적으로 장려했어. 그래서 그리스 본토에서 철학자 혹은 예술가를 불러다 연구를 하게 하거나 작품을 만들도록 했어. 당시 유럽 사람들은 동양의 문화가 그리스의 영향을 받아서 그리스화되었다고 해석했어. 이름도 그래서 헬레니즘 문화라고 붙인 것이었지.

하지만 헬레니즘 문화는 단순히 동양 문화가 그리스의 영향을 받은 데서 그치지 않아. 300여 년이라는 오랜 세월 동안 동양과 서양의 문화가 다양하게 융합하면서 그 시대만의 독특한 문화가 형성된 것이기 때문이야.

역사 속 재미 쏙

세계 곳곳의 알렉산드리아

세계 여러 곳에는 빅토리아 여왕의 이름을 딴 도시와 폭포가 있어. 그것은 제국주의 시절 영국이 세계 곳곳에 식민지를 만들면서 그곳에 여왕의 이름을 붙였기 때문이지.

알렉산드로스 또한 자기가 정복한 곳에 자신의 이름을 딴 대도시를 만들곤 했단다. 그래서 알렉산드로스가 통치했던 이집트에서 인도 지방까지 동서로 긴 지역 곳곳에 '알렉산드리아'라는 지명의 도시가 생겨났어.

알렉산드리아는 무역 중심 도시로 건설되었으며, 주변의 많은 상인들이 그곳으로 모여들었어. 남아 있는 기록을 보면 과거 50여 개의 알렉산드리아가 있었다고 해. 대부분의 도시들은 알렉산드로스의 통치 시기 뒤 다른 이름으로 바뀌었지만 아직 그 흔적이 남아 있는 곳이 몇 군데 있어. 대표적인 예로 이집트의 알렉산드리아가 있어.

▲ 동방으로 진격했던 알렉산드로스의 원정 코스와 통치했던 영토

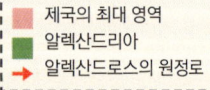

이집트 알렉산드리아 도서관

인류 최초의 도서관이라 평가받고 있는 이집트의 알렉산드리아 도서관은 그 이름 때문에 많은 사람들이 알렉산드로스가 세운 거라 생각하지. 그러나 이 도서관을 만든 사람은 프톨레마이오스 1세야. 알렉산드로스가 세상을 떠난 뒤, 그의 부하였던 프톨레마이오스 1세는 이집트 땅에 프톨레마이오스 왕조를 새로 열었어. 그리고 알렉산드로스를 기릴 도서관을 만들었지.

기원전 288년에 세운 알렉산드리아 도서관은 도서관과 박물관을 결합한 형태였어. 프톨레마이오스 1세는 그리스의 철학자와 과학자들을 초청해 이곳에서 연구가 진행되도록 했으며, 이들의 활동을 적극적으로 도왔어. '세계에 있는 모든 책을 이곳에 모으겠다'라는 원대한 포부를 갖고 있었던 프톨레마이오스 1세는 최대한 먼 곳까지 사람을 보내 책을 구해 오게 했지. 이렇게 해서 모인 장서가 양피지로 따지면 두루마리 70만 개가 넘을 정도였다고 해.

▲ 고대 알렉산드리아 도서관 상상도

▼ 이집트 알렉산드리아

대표적인 헬레니즘 미술 작품, 밀로 비너스

 고대 그리스 시대는 신에서 인간에게로 관심이 바뀌어 가는 시기였어. 많은 철학가와 예술가들은 인간과 자연환경에 대해 연구하기 시작했고, 신화가 아닌 관찰되거나 증명된 사실에 따라 현상을 이해하기 시작했지. 헬레니즘 시대는 고대 그리스 시대에서 한발 더 나아가 인간의 감정을 포착해 표현하기 시작했어.

 고대 그리스 작품들이 조화와 균형이 강조된 데 비하면 헬레니즘 시대의 미술 작품들은 좀 더 자유로운 방식으로 현실 세계를 표현했다는 특징이 있어. 예를 들어 파르테논 신전, 아테네 여신상 등을 살펴보면 반듯하게 균형 잡힌 모습을 볼 수 있지. 반면 헬레니즘 시대의 라오콘 군상, 밀로의 비너스상 등을 살펴보면 강렬하고 격정적이며, 역동적인 인간의 모습과 감정을 담고 있는 것을 볼 수 있어.

 밀로의 비너스상은 에게해 남쪽에 있는 키클라데스제도에서 발견된 대리석상이야. 밀로섬(밀로스섬)에 있는 아프로디테 신전 근처에서 밭을 갈던 한 농부가 발견한 작품으로, 비너스의 전신을 동상으로 만든 것이지. 정확한 작가와 제작 연대는 알 수 없으나, 기원전 2세

▼ 밀로섬

▲ 라오콘은 그리스 신화에 나오는 포세이돈 신전의 사제야. 라오콘은 트로이 전쟁 막바지에 그리스군이 거대한 목마를 해안에 남겨 놓고 거짓으로 철수하였을 때 트로이인들에게 목마를 불태워 버려야 한다고 경고하다가 신들의 노여움을 사서 바다에서 나온 거대한 뱀에 휘감겨 목숨을 잃었어. 라오콘 군상은 기원전 1세기 중엽에 제작된 대리석 조각으로, 라오콘이 두 아들과 함께 큰 뱀에게 죽음을 당할 때의 괴로운 모습을 나타냈어. 1506년에 로마에서 발견되어 현재는 바티칸 미술관에 소장되어 있단다.

기에서 1세기 초에 만들어졌으리라고 예측되고 있어.

밀로의 비너스상은 한쪽 무릎을 살짝 구부린 채 서 있으며, 상반신은 나체로 되어 있어. 없는 두 팔은 추정하건대 오른손은 왼쪽 다리께로 내려져 있고, 왼손은 앞으로 내민 상태에서 손바닥에 사과를 들고 있었으리라 보여. 1821년부터 프랑스에 있는 루브르 박물관에 전시되어 있어.

헬레니즘 문화의 흔적, 간다라 미술

기원 전후경부터 기원후 5세기 무렵 사이에 고대 인도의 북서부 지방인 간다라 지방에서는 인도의 다른 지방과는 다소 차이가 나는 독특한 미술이 발전했어. 이전의 붓다, 즉 부처는 오직 보리수나 스투파 등 상징적인 대상으로만 표현되었거든.

이 지역은 헬레니즘 문화의 영향을 받은 곳이야. 제우스나 헤라클레스 등 그리스의 신을 조각한 유물들이 발견되고 있거든. 인도 특유의 미술보다 헬레니즘 문화의 특징을 많이 담고 있지.

▲ 밀로의 비너스상

부처의 사리를 모신 스투파를 한자로 옮기면 솔탑파(率塔婆)가 되는데 이것을 나중에 '탑'이라고 부르게 되었어.

헬레니즘 문화가 들어오기 이전에는 사람 형상이 아닌 연꽃, 발자국 등으로 신상을 표현했어. 헬레니즘 문화 때부터 인간의 모습을 닮은 불상이 동아시아로 전파되었지.

▶ 간다라 지방의 불상(오른쪽)은 곱슬머리, 오뚝한 코, 입체적이고 굵은 옷 주름 등 그리스 조각상의 모습과 비슷해. 신라 시대 때 만들어진 석굴암 본존 불상(왼쪽)을 보면 간다라 미술의 영향을 받았다는 것을 알 수 있어.

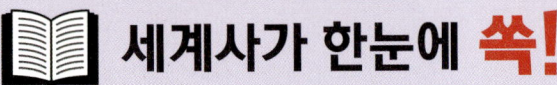 세계사가 한눈에 쏙!

01 고대 그리스에는 폴리스라는 도시 국가들이 있었다. 폴리스는 지금 우리가 알고 있는, 한 명의 왕이 다스리는 단일 국가의 형태가 아닌 조금 다른 형태의 나라였다.

02 폴리스 간의 정복 전쟁이 빈번해지면서 병사로 참여했던 평민들의 힘이 커졌다. 무역의 발달도 평민들에게 힘을 실어 주었다. 변화가 여러 번 있었지만, 아테네에서는 시민들이 폴리스 운영에 직접 참여하는 민주주의 제도가 생겨났다.

03 그리스의 대표적 폴리스였던 아테네와 스파르타는 전혀 다른 형태로 국가를 운영하고 있었다. 페르시아 전쟁 이전에는 스파르타의 영향력이 컸지만, 전쟁 이후 아테네의 힘이 세졌다.

04 고대 그리스의 폴리스들이 아테네 진영과 스파르타 진영으로 나뉘어 전쟁을 일으켰다. 펠로폰네소스 전쟁으로 아테네를 비롯해 그리스 도시 국가들의 힘이 약해졌고, 그사이 북쪽에 있던 마케도니아가 힘을 기르고 있었다.

05 마케도니아의 알렉산드로스는 그리스의 폴리스들을 장악하고, 그리스 연합군을 이끌었다. 그리고 페르시아를 정복하고 인더스강 유역까지 진출하였다.

06 알렉산드로스의 원정으로 그리스 문화가 동쪽으로 확산되어 새로운 국제적인 문화가 탄생했다. 이 시대에 나타난 문화를 '헬레니즘 문화'라고 부른다.

3장
지중해의 대표 제국 로마

| 로마의 탄생
| 공화정을 시작한 로마
| 지중해의 패권을 장악한 포에니 전쟁
| 로마 제국의 속주 통치 방법
| 노예의 반란을 이끈 스파르타쿠스
| 공화정의 쇠퇴
| 제정의 등장과 몰락
| 로마의 분열, 멸망의 길로
| 게르만족의 대이동과 로마의 멸망

"모든 길은 로마로 통한다."

"로마에 가면 로마법을 따르라."

서양의 속담 중에는 로마와 연관된 것들이 많아. 유럽의 역사는 곧 로마의 역사라 말할 수 있을 정도로 유럽 사람들에게 로마는 여러모로 중요하지. 로마는 역사와 전통이 깊은 나라였어.

기원전 8세기부터 시작된 로마 제국의 역사는 서로마 제국이 멸망한 476년까지만 헤아리더라도 천 년이 넘어. 거기다 1453년까지 이어진 동로마 제국까지 생각한다면 인류 역사의 절반은 로마 제국이 차지한다고 해도 과언이 아니야.

이탈리아 테베레강 언덕에서 출발한 작은 도시 국가가 어떻게 유럽 영토를 장악하고, 유럽의 핵심이 되었을까? 로마 제국이 커 가는 과정을 한번 따라가 보기로 할까?

▼ 카피톨리노 언덕

로마의 탄생

그리스에 한창 폴리스가 만들어지던 기원전 10세기경, 이탈리아에도 새로운 나라가 만들어지고 있었어. 바로 기원전 12세기 라틴족이 등장하면서 굳건히 나라의 명맥을 이어 온 로마야. 로마는 고대 유럽 역사에서 가장 중요한 나라야. 서아시아에서 지중해 서쪽 끝에 이르는 넓은 영토를 차지했던 로마 제국은 고대 유럽 문화의 밑바탕이자 중세 유럽을 만들어 간 중요한 원동력이 되었거든.

세계사에서 가장 강력하고 생명이 길었던 로마 제국의 시작은 아주 미미했어. 이탈리아 중서부에 있는 테베레 강변의 언덕에 지어진 마을 일곱 개가 로마의 시작이었거든.

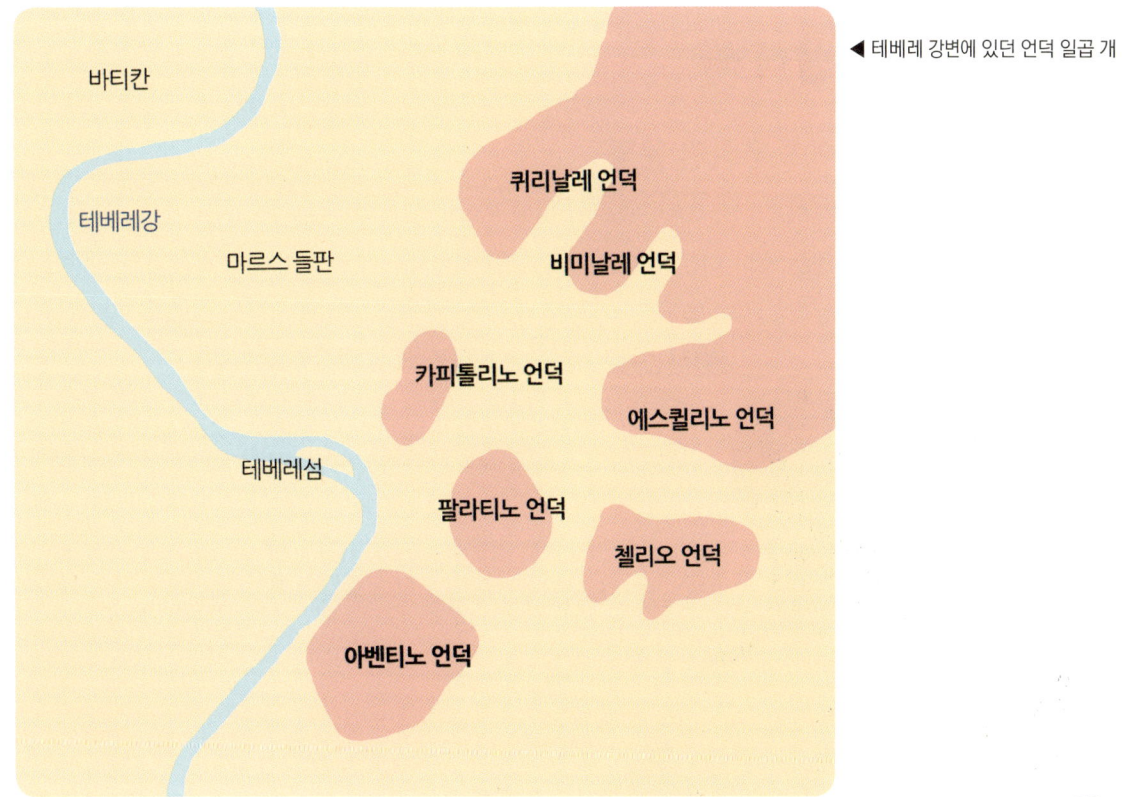

◀ 테베레 강변에 있던 언덕 일곱 개

에트루리아는 지금의 이탈리아 토스카나주에 자리 잡고 있었어.

로마가 만들어지던 시기에 현재 이탈리아 지역의 중부와 북부에는 에트루리아라는 나라가 있었어. 당시 로마는 작은 부족 마을에 불과했고 에트루리아의 지배를 받고 있었어.

로마는 에트루리아의 문화를 받아들이며 쑥쑥 성장했어. 규모도 작고 가난했던 로마는 에트루리아에서 받아들인 농사 기술을 바탕으로 농경지를 개척하고, 점차 주변으로 힘을 키워 갔어. 에트루리아가 눈치채지 못하는 사이 로마는 조용하게 강력한 도시 국가로 성장했지.

역사 속 상식 쏙

에트루리아 문명

로마 이전의 이탈리아에는 어떤 문명이 있었는지 궁금하지 않니? 에트루리아 문명은 로마 이전에 에트루리아인이 발달시킨 문명이야. 금속 세공과 무역업이 발달하였으며, 일찍부터 그리스 문명을 받아들였지. 문화적으로 로마보다 훨씬 발달해서 고대 로마가 발전하는 데 많은 영향을 주었어.

에트루리아는 그리스처럼 도시 국가로 이루어졌으며, 도시들이 연맹을 이루며 살았지. 에트루리아인들은 손재주가 좋아 청동이나 돌을 도구로 다루는 솜씨가 뛰어나서 상아로 주사위나 체스 같은 놀잇감을 만들기도 했단다. 또한 이들은 음악과 춤을 좋아했으며, 그리스와 마찬가지로 다양한 스포츠를 즐겼다고 해.

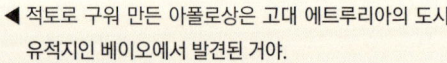
▲ 적토로 구워 만든 아폴로상은 고대 에트루리아의 도시 유적지인 베이오에서 발견된 거야.

역사 속 재미 쏙

로마의 건국 신화

어떤 나라이든지 저마다 국가의 기원을 다룬 건국 신화가 있어. 우리나라는 곰, 호랑이와 관련된 단군 신화가 있지. 그렇다면 로마는 어떤 건국 신화가 있을까? 바로 늑대와 관련된 건국 신화가 있어. 트로이의 장군 아이네이아스는 그리스와의 전쟁에 패한 뒤 가족들과 그를 추종하는 사람들을 데리고 새로운 땅을 찾아 트로이를 떠났어. 아이네이아스 일행이 탄 배는 이탈리아의 테베레강에 도착했지. 아이네이아스는 '라티움'에 상륙해 라티누스왕의 딸 라비니아와 결혼하여 새로운 왕이 되었어. 그리고 라비니움이라는 도시를 세웠어.

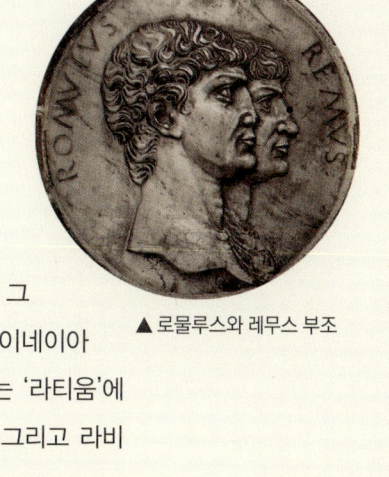
▲ 로물루스와 레무스 부조

아이네이아스의 후손들은 도시를 평화롭게 통치했지만, 13대 후손 때에 분열이 일어났어. 왕의 두 아들은 싸움을 했고, 그중 왕이 된 동생이 형의 자손들을 모두 죽여 버리고 말았지. 무녀가 된 딸 하나만 남겨 두고 말이야.

무녀였던 레아 실비아는 아주 아름다웠어. 전쟁의 신 마르스는 그녀를 사랑하게 되었고 레아 실비아는 쌍둥이 아들을 낳았지. 이 사실을 알게 된 왕은 레아 실비아의 아이들을 강물에 버리라고 명령했어. 하지만 마음 약한 시종이 쌍둥이를 바구니에 실어 멀리 보내 주었지. 다행히 강을 지나던 늑대가 바구니를 발견했지. 늑대는 자기 새끼처럼 젖을 먹여 쌍둥이를 키웠다는구나.

얼마 지나지 않아 어느 양치기가 숲에서 쌍둥이를 발견했어. 양치기는 아이들을 데려다 자신의 아이처럼 키웠지. 쌍둥이인 로물루스와 레무스는 성인이 되었고, 외할아버지의 원수인 왕을 몰아내고 왕이 되었어. 하지만 두 사람이 모두 왕이 될 수는 없었어.

결국 형인 로물루스가 왕위를 차지한 뒤 새로운 나라를 만들었어. 그리고 자신의 이름을 따서 로마라고 이름을 붙였지. 전쟁의 신 마르스와 인간 사이에 태어난 로물루스가 바로 로마의 시조가 된 것이야.

▲ 루벤스가 그린 〈로물루스와 레무스〉

공화정을 시작한 로마

로마는 공화정을 실시한 나라였어. 로마의 공화정은 귀족과 평민이 견제를 하며 이루어지는 정치 형태란다. 그때까지 대부분의 국가들은 대대로 권력을 가진 왕이나 귀족, 또는 사람들을 대표해서 권리를 인정받은 사람이 나라를 다스리는 것이 당연하다고 생각했어.

로마도 처음에는 왕이 다스렸어. 당시 로마를 다스렸던 왕은 에트루리아인이었어. 하지만 로마 귀족과 평민들은 힘을 합쳐 이 에트루리아 출신의 왕을 몰아내 버렸지. 왕을 몰아낸 귀족들은 원로원과 집정관 두 명을 중심으로 나라를 다스리기 시작했어. 왕 없이 귀족들이 집단으로 나라를 다스리기 시작한 것이지.

고대에는 귀족과 평민이라 하더라도 권력의 차이가 그리 크지 않았어. 무엇보다 고대 국가의 병사는 모두 평민들이었거든. 전투가 벌어지면 평민들은 하던 일을 뒤로하고 모두 전쟁터로 나가야 했어. 하지만 전쟁에 이겨도 전리품은 모두 귀족들이 차지해 버렸고, 평민들은 어떤 보상도 받지 못했어. 이렇듯 모든 혜택이 귀족 중심으로 돌아가자 평민들의 불만은 커져 갔지.

불만이 극에 달한 로마의 평민들은 기원전 494년, 귀족에 저항해 로마를 떠나겠다며 로마 동북쪽에 위치한 성산으로 가 버렸어. 이 소식을 들은 귀족들은 깜짝 놀랄 수밖에 없었어. 평민이 없으면 로마를 지키고 전투를 치를 병사가 없어서 주변 나라에게 정복당해 버리고 말 테니까.

> 성산은 성스러운 산이라는 뜻이야.

로마 귀족들은 자신들의 권력을 평민들과 평등하게 나누기로 협의하며 간신히 평민들을 붙잡을 수 있었지. 이때부터 로마에서 시민 대표가 정치에 참여하는 본격적인 공화정 시대가 열렸다고 할 수 있어.

귀족들은 평민들이 선출한 '호민관'을 정치에 참여할 수 있도록 해 주었어. 이제 로마는 귀족들의 원로회와 평민들의 민회가 중심이 되어 나라의 중요한 일을 결정하게 되었단다. 이를 바탕으로 로마는 신분의 장벽을 넘고 이탈리아반도를 통일할 기틀을 마련했어.

호민관이란 평민을 보호하기 위해 만들어진 관리라는 뜻이야. 로마 제국에서 평민들이 대표로 뽑은 관리로, 원로회의 결정에 반대할 수 있는 권한이 있었어. 원로회란 귀족들의 대표로 구성된 단체야.

역사 속 상식 쏙

로마의 정치와 법, 민주정 vs 공화정

민주정은 국민이 주인이 되어 국민을 위한 정치가 이루어지는 체제를 말해. 고대 그리스 아테네에서 가장 먼저 시작했지. 아테네에서는 모든 시민이 아고라에 모여 토론과 투표에 참여하고 나라의 중요한 일을 결정하곤 했어. 여기서 토론과 투표 등의 제도가 유래되어 오늘날까지 전해지고 있어.

하지만 오늘날의 민주정은 이때하고는 조금 달라. 국민들이 토론에 직접 참여하고 투표하여

▶ 로마 원로원의 모습이야. 공화정 시기에 민회와 정무관과 원로회는 로마를 지탱하는 세 개의 기둥이나 다름없었어.

진행하는 것이 아니라 대표자를 뽑아서 결정을 맡기는 간접 민주주의 제도를 택하고 있단다.

공화정은 세습 군주나 선거로 뽑힌 군주가 아닌, 사람들이 뽑은 개인이나 집단이 통치하는 정치 체제를 말해. 왕정을 폐지한 뒤 로마 정치는 450여 년간 공화정으로 움직였지. 또 왕을 내쫓고 원로원을 장악하여 정치를 주도한 귀족들은 적당한 평민들의 협력이 나라의 운영에 필요하다고 생각했어. 그래서 형식적으로나마 평민들이 모인 민회에 중대사를 결정할 수 있는 최고 권력을 주었단다. 그것이 호민관이지. 로마의 귀족과 평민이 권력을 나누게 되면서 로마 사람들은 국가가 귀족의 것이 아니라는 걸 깨달았어.

로마 최초의 성문법, 12표법

고대 로마에서는 죄를 지은 사람이 생기면 관습법에 따라 벌을 주고 일을 처리해 왔어. 관습법이란 그 사회에서 오랫동안 당연하게 반복되어 왔던 규칙들을 말하지. 귀족 중심 사회였던 로마의 관습법은 대부분 귀족 중심으로 처리되었고, 귀족에게 유리하게 진행되기 일쑤였어.

공화정이 만들어지면서 평민들이 귀족에게 권리를 요구하여 기원전 451년, '12표법'이라는 새로운 법을 제정했지. 12표법은 로마 역사상 최초의 글자로 표현된 성문법이었어. 12표법에 따라 귀족들에게 유리하게 적용되던 사항들이 공정하게 처리할 수 있게 되었지. 하지만 평민들의 불만이 충분히 해소될 정도는 아니었어.

▲ 열두 개의 표로 이루어져 있어서 12표법이라고 불렀다고 해.

12표법에는 가족법을 비롯해 종교법, 상법, 공법 등 다양한 분야의 법이 포함되었어. 하지만 여전히 귀족과 평민 간의 결혼이 금지되었고, 빚을 진 사람은 엄청난 이자를 붙여 되갚아야 했지. 그러나 12표법 제정은 그동안 귀족이 독점했던 법안을 평민들도 공유할 수 있게 되었으며, 모든 평민이 볼 수 있도록 법이 시장에 게시되었다는 데 큰 의의가 있는 중요한 사건이야.

지중해의 패권을 장악한 포에니 전쟁

에트루리아 출신의 왕을 몰아낸 로마는 이제 거꾸로 에트루리아를 정복할 계획을 세웠어. 귀족들은 평민들과 힘을 합쳐 에트루리아를 공격했지. 기원전 396년에는 로마의 집정관 카밀루스를 중심으로 로마와 가장 가까웠던 도시, 베이오(베이)를 점령할 수 있었어. 이를 시작으로 로마는 이탈리아반도의 통일 전쟁을 시작했어. 한때 켈트족의 침입으로 나라가 혼란에 빠진 적도 있었지만 이를 계기로 로마는 더욱 막강한 군대를 만드는 데 온 힘을 쏟게 되었지. 기원전 272년, 로마는 이탈리아반도에 마지막 남은 타란토까지 정복하면서 이탈리아를 통일해 버렸어.

로마는 이제 지중해 너머에 있는 다른 나라까지 넘보기 시작했어. 첫 번째로 눈이 닿은 지역은 지중해 동해안에 위치한 나라들이었지. 로마는 호시탐탐 기회를 엿봤어. 그러던 차에 마침내 기회가 찾아왔지. 바로 기원전 3세기 중엽, 시칠리아섬에서 반란이 일어난 거야.

시칠리아섬에는 시라쿠사와 메시나라는 도시 국가가 있었어. 메시나는 로마 편이었고, 시라쿠사는 카르타고 편이었어. 카르타고는 아프리카 북쪽에 있는 나라였는데, 기원전 6세기부터 지중해 무역을 통해 많은 부를 축적하고, 막강한 해군도 갖고 있었지.

사실 로마는 카르타고를 점령하고 지중해 무역을 독차지하고 싶은 마음이 굴뚝같았어. 하지만 카르타고와 로마는 서로 침략하지 않기로 평화 협정을 맺은 사이라 함부로 움직일 수 없는 상황이었단

시라쿠사는 기원전 211년 로마에게 점령당하고, 그 뒤 로마의 시칠리아섬 통치관의 주된 활동지로 크게 흥하게 돼. 메시나는 기원전 8세기 그리스인이 건설한 식민 도시에서 비롯되어 기원전 379년에는 카르타고인의 침략으로 파괴되었지.

다. 그런데 때마침 시칠리아섬에 있던 카르타고 군대가 로마 편인 메시나를 공격하는 사건이 일어난 거야.

로마는 기다렸다는 듯 시칠리아 남쪽 바다에 위치한 아크라가스를 점령했어. 메시나를 도와주겠다는 이유로 말이야. 카르타고 역시 해상 군대를 시칠리아섬으로 보내왔어. 결국 시칠리아섬의 반란은 로마와 카르타고의 전쟁으로 번지고 말았지. 이 전쟁이 포에니 전쟁이야. 로마와 카르타고의 전쟁은 지중해의 중심이 로마로 바뀌게 되는 중요한 전쟁이었어. 두 나라의 전쟁은 100년 넘게 계속되었고, 전쟁의 승자였던 로마는 지중해의 새로운 주인이 될 수 있었지.

로마와 카르타고 사이에 일어났던 포에니 전쟁은 기원전 3세기 중엽에서 기원전 2세기 중엽에 이르기까지 약 100년 동안 세 차례

▶ 제1차 포에니 전쟁 당시 로마와 카르타고
🟧 로마
🟪 카르타고

▲ 로마는 배에 코르부스(까마귀 부리)라는 것을 장착하고 적군의 함선에 접근했어. 그리고 나무판자 끝에 긴 송곳이 박힌 모양의 코르부스를 상대 갑판에 내리꽂고 이를 다리 삼아 적군의 함선으로 건너갔어.

에 걸쳐서 일어났어. 제1차 전쟁은 기원전 264년부터 자그마치 20여 년 동안 계속되었어. 로마는 해군의 힘을 길러 시칠리아 북쪽 바다에서 카르타고 해군과 전투를 벌여 대승을 거뒀지만, 기원전 256년에 카르타고 본토로 원정을 나가 크게 패배했어. 그래도 로마는 포기하지 않고 아에가테스 해전에서 승리해 카르타고를 항복시켰지. 카르타고는 시칠리아섬에 대한 소유권을 모두 포기하고, 로마에게 전쟁 피해 보상금을 줘야만 했어.

하지만 두 나라 사이의 평화도 잠시, 기원전 218년 카르타고의 한니발이 로마를 기습 공격해 왔어. 알프스산맥을 넘어서 말이야. 로마에서는 카르타고가 북쪽에서 쳐들어올 것이라고 아무도 생각하지 못했어. 그야말로 속수무책으로 당하고 말았던 거야.

▲ 알프스산맥을 넘는 한니발의 모습을 그린 그림

사실 로마에서도 제1차 포에니 전쟁 뒤 카르타고를 정복하기 위해 군대를 준비하고 있었어. 카르타고가 워낙 강한 해상 병력을 갖고 있었기 때문에, 로마는 더 강력한 전함과 해군을 기르려고 노력하고 있었거든.

한니발 부대는 북쪽에 있는 도시부터 하나씩 정복해 들어왔어. 머지않아 로마에 다다를 예정이었지. 로마는 새로운 전략을 세워야 했어. 한니발의 부대를 이길 수 없다면 스스로 물러나게 만들어야겠다고 생각했던 거지. 로마는 게릴라 전술을 이용해 카르타고에 군대를 보내 카르타고군이 이리저리 엇갈려 혼란스러운 상태에 놓이도록 만들었지. 예상치 못하게 로마군이 쳐들어오자 카르타고 수도에서는 난리가 났어. 그리고 한니발에게 급히 본국으로 돌아오라고 전보를 보냈어. 한니발은 로마 정복을 눈앞에 두고 있었지만, 차마 왕의 명령을 어길 수 없었어.

> 게릴라 전술이란 적의 배후나 측면을 적은 규모의 군대가 기습적으로 공격해 적을 교란하는 전술이야.

전세는 금세 뒤집혔어. 오랜 원정으로 지쳐 있던 카르타고 군대는 로마 군대에게 크게 패하고 말았지. 제2차 포에니 전쟁 역시 로마의 승리로 끝나면서 카르타고는 큰 피해를 입었어. 식민지였던 이베리아반도의 영토를 로마에게 넘겨주었을 뿐만 아니라 해외 영토를 모두 잃었고, 막대한 전쟁 피해 보상금을 갚아야 했어.

하지만 카르타고는 만만한 상대가 아니었어. 적극적인 해상 무역으로 50년 동안 갚기로 했던 전쟁 보상금을 10년 만에 갚아 버렸어. 망가졌던 수도를 정비하면서 군사력도 키워 갔지. 더 이상 카르타고를 가만두었다가는 언제 다시 로마를 쳐들어올지 모를 상황이 된 거야. 그러던 중 카르타고의 이웃 나라 누미디아가 카르타고에 쳐들어왔어. 로마의 허락 없이 군대를 움직일 수 없는 카르타고였지만, 방어하려면 어쩔 수 없이 군대를 움직여야 했지.

기원전 149년, 로마는 약속을 어겼다는 명목으로 카르타고를 공격했어. 다시는 카르타고가 되살아나지 못하도록 말이야. 카르타고의 도시를 불태우고, 시민들은 전부 노예로 만들어 버렸지. 철저하게 파괴된 카르타고는 아프리카라는 이름으로 로마의 속국이 되었어. 이 모습을 보면서 에게해 주변 국가들은 더 이상 로마에 대항할 생각을 할 수 없게 되었지. 기원전 146년에 마무리된 포에니 전쟁으로 로마는 지중해 동쪽 지방을 전부 차지하면서 로마 제국의 기틀을 마련했어.

역사 속 상식 쏙

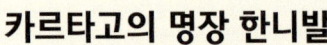

▲ 제2차 포에니 전쟁의 카르타고군의 활동

- 로마의 영향권
- 카르타고의 영향권
- → 한니발의 진로

'포에니'라는 말은 라틴어로 페니키아인이라는 뜻이래.

카르타고의 명장 한니발

카르타고는 기원전 814년 무렵 아프리카 북부 지역에 페니키아인들이 세운 나라야. 로마가 이탈리아 땅을 정복할 무렵 지중해의 최강국이자 가장 잘사는 나라였지. 하지만 로마와의 첫 번째 전쟁에서 진 카르타고는 로마에 많은 액수의 전쟁 보상금을 지불해야 했어. 카르타고 사람들은 어떻게든 전쟁에서 패배한 치욕을 로마에 되갚아 주겠다고 결심했지.

기원전 218년 제2차 포에니 전쟁이 시작되었어. 카르타고의 젊은 장수 한니발은

▼ 알프스산맥

누구도 상상할 수 없는 전략을 세웠어. 바다 건너에 있는 로마를 알프스산맥을 넘어서 공격한 거야. 예상치 못했던 한니발의 갑작스러운 공격에 로마는 속수무책으로 당할 수밖에 없었지.

한니발은 세계적으로 손꼽히는 전략가였어. 전쟁 시 병사와 무기, 코끼리 부대 등 다양한 전투 요소를 배합하여 몇 배의 효과를 끌어내곤 했지. 한니발의 초승달 전법은 오늘날까지도 유명해. 공격 부대 가운데에 가장 약한 부대를 배치하고, 좌우에 기병이나 강한 부대를 배치하는 전략으로, 양옆의 강한 부대들이 적을 에워싸서 꼼짝 못 하게 하는 전법이지.

무엇보다 한니발은 병사 관리 능력이 탁월했어. 아무리 멀고 험난한 길을 가더라도 뒤처지거나 군을 이탈하는 병사가 없었다고 해. 한니발이 병사를 관리하는 원칙은 엄격함이었어. 자신이 언제나 앞장서서 모범을 보였지. 한니발은 병사들과 함께 먹고 생활했으며, 장군이라고 해서 자신에게만 주어진 어떤 특혜도 받아들이지 않았어.

◀ 한니발

제2차 포에니 전쟁에서 패한 한니발은 3년 동안 조용히 재기를 준비했어. 하지만 부하의 밀고로 계획은 수포로 돌아갔지. 한니발은 로마 군대를 피해 시리아로 도망쳤지만, 그곳의 왕이 한니발을 로마에 넘기려고 하자 스스로 목숨을 끊었어.

한니발은 어떻게 이 높고 험한 알프스산맥을 넘었을까? 아직까지도 미스터리야.

로마 제국의 속주 통치 방법

이탈리아의 작은 나라였던 로마도 여느 고대 국가들처럼 주변의 다른 나라를 연달아 정복했어. 그렇게 정복한 땅은 로마의 영토가 되었지. 수많은 속주들로 이루어진 로마 제국이 천 년이 넘는 긴 시간을 이어 올 수 있었던 까닭은 로마 제국만의 통치 비법이 있었기 때문이야.

드넓은 땅을 가진 제국이 오랜 시간 명맥을 잇기 위해서는 정복한 땅에서 반란이 일어나지 않는 것이 중요하지. 로마는 주변 여러 나라를 정복했지만, 그곳의 자치권을 최대한 보장해 주었어. 그 지역의 통치자들이 계속 그 지역을 다스릴 수 있도록 해 주었고, 그곳의 주민들도 노예로 삼지 않았어. 물론 카르타고처럼 예외로 엄격하게 다루는 경우도 있기는 했지만, 로마의 속주가 되더라도 대부분 평화로운 삶을 이어 갈 수 있었어.

대신 속주들은 로마 제국이 전투를 벌일 때 병사를 보내야만 했어. 속주의 사람들은 전쟁이 일어나면 로마 군대와 함께 전쟁에 참여했고, 전쟁이 끝나면 고향으로 돌아왔어. 로마는 전쟁에 참여했던 속주들에게도 전쟁 중 적에게서 빼앗은 물품들을 고루 나눠 주었고, 속주들은 자연스럽게 로마 제국을 정복자가 아닌 동맹국이라고 여겼지.

> 속주는 이탈리아반도 이외의 로마 영토를 일컬어.

역사 속 재미 쏙

그라쿠스 형제의 개혁

로마 귀족들은 전쟁으로 넓은 땅을 소유하게 되었어. 더구나 이탈리아와 지중해 지역을 평정하면서 많은 노예들이 로마로 잡혀 왔지. 귀족들은 이렇게 넓은 토지와 노예들을 데리고 대농장을 만들기 시작했어. 이를 '라티푼디움'이라고 불렀지. 초기 로마 시대의 병사는 모두 평민이었는데, 국가에서는 이 병사들에게 어떤 보상도 해 주지 않았어. 전쟁에 나가느라 가꾸지 못한 평민들의 땅은 점점 황폐해졌지. 평민들은 황폐해진 농토를 헐값에 내다 팔았고, 귀족들은 이들이 내놓은 땅을 사들여 대농장을 더욱 키워 갔지. 귀족들에게 땅을 팔았던 농민들은 귀족의 노예가 되거나 빈민층으로 전락하고 말았어.

기원전 133년에 호민관이 된 티베리우스 그라쿠스는 농지법을 제정하여 농민층을 구하려 했고, 그를 이은 동생 가이우스 그라쿠스도 곡물법 등 여러 가지 개혁법을 통해 몰락한 평민층을 다시 일으켜 세우려고 했어.

그러나 그라쿠스 형제의 개혁은 원로원을 중심으로 한 귀족층의 반발로 큰 성과를 거두지 못하고 오히려 귀족파와 평민파가 서로 대립하는 결과를 가져왔지.

▲ 티베리우스 그라쿠스, 가이우스 그라쿠스 형제

▲ 스파르타쿠스

노예의 반란을 이끈 스파르타쿠스

수많은 전쟁을 치르면서 로마에는 각지에서 끌려온 노예들이 넘쳐났어. 로마의 귀족들은 노예들을 동등한 존재라고 생각하지 않아 인격적으로 존중하지 않았어. 로마에서는 노예의 목숨을 걸고 하는 검투 대회나 전차 대회 같은 것들이 생겨났어. 검투 경기는 한 사람이 죽을 때까지 끝나지 않았고, 귀족들은 노예 검투사들이 죽어 가는 것을 아무렇지 않게 보고 즐겼단다.

공화제 말기 검투 노예의 고단한 삶을 견디다 못한 스파르타쿠스는 귀족들을 향해 반란을 일으켰어. 스파르타쿠스는 트라키아 출신의 검투 노예로, 대중에게 인기가 많았지. 하지만 아무리 인기가 많은 검투사라도 언젠가 저보다 강한 상대를 만나면 목숨을 잃을 수밖에 없어. 그렇게 불안한 생활을 계속하던 중 기원전 73년 스파르타쿠스는 동료 검투 노예 100여 명과 함께 검투 훈련소를 빠져나왔어. 거리로 나선 검투 노예들은 로마에 살고 있는 다른 노예들과 힘을 합쳐 로마 군대에 맞서 싸웠지. 반란군의 세력은 빠르게 커져서, 전성기에는 12만 명이 넘는 노예들이 반란에 가담했어.

반란군은 로마 군대를 무찌르고 남부 이탈리아를 차지했어. 반란군은 시칠리아섬으로 넘어가 그들만의 나라를 세우려고 했지. 하지만 시칠리아로 건너갈 배를 구하지 못한 채 기원전 71년, 원로원에서 보낸 크라수스 군대와의 싸움에서 스파르타쿠스가 전사하였어. 스파르타쿠스의 반란군은 대대적인 정부군의 토벌 작전에 무너지고 말았지.

> 토벌 작전이란 무력으로 적군을 누르는 군사 전략을 말해.

역사 속 재미 쏙

검투 경기장, 콜로세움

검투 경기는 로마 귀족들이 즐겨 보던 경기 종목 중 하나였어. 정복한 나라에서 잡아 온 노예들을 검투 노예로 만들고 서로 실력을 겨루도록 했지. 콜로세움에 모인 로마 귀족들은 검투 노예의 칼싸움을 놀이로 즐겼으며, 기분에 따라 경기에 진 검투 노예들을 손쉽게 살리기도, 죽이기도 했어.

검투 경기는 검투사들끼리만 하는 것은 아니었대. 가끔은 굶주린 사자나 호랑이를 경기장에 풀어 검투사와 싸우게도 했다고 해. 로마 귀족들은 재미를 위해서라면 잔혹한 짓도 서슴지 않았어.

현재 로마에 있는 콜로세움은 로마 제국의 아홉 번째 황제인 베스파시아누스가 72년부터 짓기 시작하여 그의 아들 티투스 황제가 80년에 완공한 원형 경기장이야. 계단식으로 만들어진 관람석이 경기장을 빙 둘러싸고 있지. 대리석으로 만들어진 콜로세움은 5만 명의 관중이 들어갈 정도로 규모가 컸어. 훗날 콜로세움은 교회나 요새로도 사용되었어.

▲ 베스파시아누스

▼ 콜로세움

공화정의 쇠퇴

노예 노동을 이용한 라티푼디움 경영이 유행함에 따라 자영 농민층이 몰락하게 되었어. 자영 농민층인 평민들이 몰락하자 공화정은 위기를 맞게 되지. 이러한 와중에 군인 정치가들이 등장하여 삼두 정치를 실시했어. 삼두 정치란 원로원과 민회를 배제한 공동 통치야. 1차 삼두 정치는 카이사르, 폼페이우스, 크라수스가 이끌었어.

율리우스 카이사르는 여러 관직을 역임하면서 민심을 잘 파악했고, 민중과 친근한 입장에 서서 성과를 거두고 명성을 얻었지. 그는 삼두 정치를 통해 공화 정부 로마의 최고 관직에까지 올랐어.

카이사르는 전쟁에서 돌아와 독재관이 되었는데, 독재관에게는 다른 사람과 상의하지 않고도 로마를 다스릴 수 있는 권한이 있었어. 하지만 원로원과 부하들이 카이사르를 암살하면서 그의 권력도 다하게 돼.

▼ 카이사르가 원로원으로 들어가는 회의장 앞에서 암살당하는 모습을 그린 그림

카이사르를 이어 옥타비아누스가 정치를 시작했어. 옥타비아누스는 카이사르의 조카였는데, 유언장에 따라 카이사르의 공식적인 후계자가 되었어. 그는 어려서부터 전쟁터를 누비고 다니며 군대를 장악하는 방법을 배워 나갔지. 카이사르가 죽은 뒤 안토니우스, 레피두스와 함께 2차 삼두 정치를 시작한 옥타비아누스는 원로원 의원 200여 명을 강제로 사퇴시켰어. 그리고 이후 벌어진 권력 투쟁으로 인해 악티움 해전이 일어났지.

악티움은 그리스 북서부에 있는 반도인데, 그곳에서 옥타비아누스는 안토니우스와 클레오파트라의 연합군을 격파해. 기원전 31년에 일어난 사건이지. 악티움 해전에서 승리한 옥타비아누스는 내전을 끝내고 로마 최고의 권력자가 되었지.

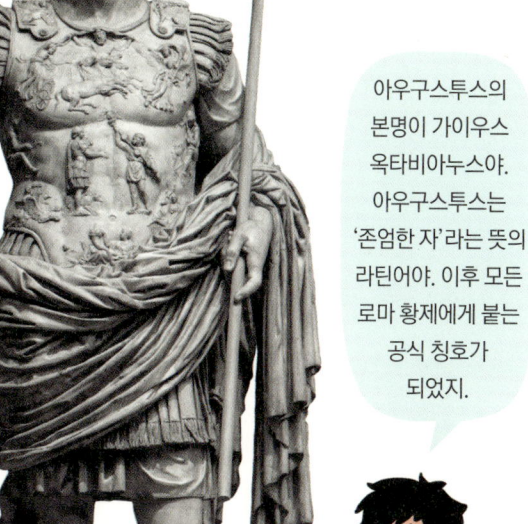

◀ 아우구스투스야. 학술과 문예를 장려하여 로마 제국 문화의 황금시대를 이룩했어.

아우구스투스의 본명이 가이우스 옥타비아누스야. 아우구스투스는 '존엄한 자'라는 뜻의 라틴어야. 이후 모든 로마 황제에게 붙는 공식 칭호가 되었지.

루비콘강을 건넜다!

서양에서는 다시 돌이킬 수 없는 중요한 결정을 했을 때 "루비콘강을 건넜다."라는 표현을 써. 이 말은 율리우스 카이사르가 원로원의 반대를 무릅쓰며 로마로 돌아온 일화에서 유래한 말이야.

카이사르가 전쟁터를 누비며 공을 세우자 평민들 사이에서는 그의 인기가 날로 높아 갔어. 힘이 강해진 카이사르를 원로원의 귀족들은 두려워하기 시작했지. 그래서 원로원에서는 카이사르를 갈리아 지방의 총독으로 보내 버렸어.

갈리아 지방은 지금의 이탈리아 북쪽에 있는 지방으로, 프랑스가 위치한 곳이지. 이곳은 로마군이 정복하여 속주로 삼은 곳이었음에도 켈트족들의 저항이 심했어. 카이사르는 갈리아 지방에 살고 있던 켈트족을 북쪽으로 쫓아 버리고, 여세를 몰아 브리타니아(지금의 영국) 남쪽과 라인강 이남의 게르마니아(지금의 독일) 지역까지 정복해 버렸지.

▲ 루비콘강

갈리아에서 총독 임기를 마친 카이사르는 군대를 이끌고 로마로 돌아가려 했어. 하지만 원로원은 이런 상황을 그냥 보고만 있지는 않았지. 그리고 카이사르에게 군대를 해산한 뒤 혼자만 돌아오라고 명령했어. 원로원은 만약 카이사르가 군대를 이끌고 로마로 돌아온다면 반역으로 간주하겠다고 엄포를 놓았어.

카이사르는 며칠을 고민한 끝에 마침내 결정을 내렸어. 자신의 군대와 함께 로마로 진격하기로 말이야. 갈리아 지방에서 이탈리아로 돌아가기 위해 카이사르 군대는 반드시 루비콘강을 지나야만 했어. 루비콘강을 건너고 있던 카이사르가 "주사위는 던져졌다."라고 말했던 일화는 아직도 유명하단다.

로마로 돌아온 카이사르는 로마를 점령하고 최고의 권력자가 되었어.

제정의 등장과 몰락

옥타비아누스는 로마 제국의 1인자가 되었지만 공화정의 회복을 내걸고 자신은 프린켑스라며 원로원을 국정의 동반자로 삼았지. 원로원은 옥타비아누스에게 아우구스투스라는 칭호를 주고, 사실상 그의 통치권을 인정해. 그 이후 아우구스투스의 후계자들이 제위를 이어 가면서 황제 통치 시대, 즉 제정이 시작되었어. 물론 중간에 칼리굴라, 네로, 도미티아누스와 같은 폭군 황제도 있었어. 하지만 이후 다섯 명의 황제가 연이어 등장하여 오현제 시대가 열리면서 지중해 세계는 '로마의 평화(팍스 로마나)'가 열리지.

로마의 오현제 시대를 연 마르쿠스 네르바 황제 뒤를 이어 나타난 현명한 황제들이 로마를 안정되고 강한 나라로 만들었거든. 이때의 로마는 로마 제국 역사상 가장 평화로운 시기였어. 제국의 영토도 가장 넓었단다.

로마의 오현제란 로마를 현명하게 이끈 다섯 황제라는 뜻으로, 네르바에 이어 트라야누스, 하드리아누스, 안토니누스 피우스, 마르쿠스 아우렐리우스 황제야.

마르쿠스 네르바는 자신의 아들을 후계자로 삼지 않았어. 대신 나라를 이끌 유능한 인물을 다음 황제로 지목했고, 그 결과 트라야누스가 다음 황제가 되었지. 사실 트라야누스는 로마 사람이 아니었어. 속주인 에스파냐 출신 장교였지. 네르바는 다른 조건은 보지 않고 트라야누스의 능력만 보고 자신의 후계자로 지목했던 거야. 그리고

> 프린켑스는 제1 시민이라는 뜻으로 공화정 때 원로원의 의장을 가리키는 데 사용했어.

▲ 네르바

▲ 트라야누스

▲ 하드리아누스

▲ 안토니누스 피우스

▲ 마르쿠스 아우렐리우스

▲ 팍스 로마나의 정점을 이룬 로마의 오현제

로마 제국은 트라야누스 황제 때 가장 넓은 영토를 갖게 되었지.

네르바, 트라야누스, 하드리아누스, 안토니누스 파우스는 자식에게 황제 자리를 물려주는 기존의 세습 방식을 따르지 않았어. 능력 있는 사람에게 황제의 권한을 넘겨주면서 로마는 더욱 굳건해졌지.

하지만 오현제의 마지막 황제였던 마르쿠스 아우렐리우스는 자신의 아들인 코모두스에게 황제의 자리를 넘겨주었어. 그런데 코모두스는 네로와 같은 폭군이었어. 이렇게 약 200년 동안 이어져 오던 로마의 평화 시대는 끝나 버렸지. 코모두스가 암살당하고, 로마 이곳저곳에서는 내전이 일어났어.

짧은 기간 동안 여러 명의 황제가 권력을 잡았다 사라졌고, 결국 로마의 모든 권력은 군대가 장악하게 되었지.

▼ 117년 로마의 최대 영역

역사 속 상식 쏙

폭군 네로

네로는 로마 제국의 제5대 황제였어. 기원후 54년, 16세의 어린 나이에 황제가 되었지. 처음 황제가 되고 5년 동안 네로는 로마의 잘못된 부분을 고치기 위해 많은 노력을 기울였어. 평민들의 세금을 깎아 주었고, 돈을 주고 관직을 사고파는 폐단을 없애려고 했지. 신분에 상관없이 능력이 뛰어난 사람을 관리로 채용했으며, 아르메니아를 정복해 파르티아를 견제하고 로마 제국을 더욱 견고하게 지켰어.

하지만 네로는 점차 광기에 휩싸여 갔지. 권력을 지키기 위해 동생 브리타니쿠스와 어머니를 죽였고, 문화와 예술에 심취해 나랏일을 돌보지 않게 되었단다.

그가 26세가 되던 기원후 64년, 로마에 커다란 불이 났어. 9일 동안 이어진 대화재로 로마 도시의 많은 것이 잿더미로 변해 버렸지.

▲ 아브라함 얀선스가 그린 네로의 모습

▲ 칼리굴라는 네로 버금가는 폭군이었어.

▲ 불에 탄 로마의 모습이 담긴 그림

네로는 로마의 화재가 크리스트교도들의 소행이라 의심하여 300명이 넘는 크리스트교도들을 학살했어. 또 불에 타 버린 궁전을 짓기 위해 무리한 공사를 시작했지. 로마 시민들의 반발은 커져만 갔어. 결국 원로원과 로마 군대가 들고일어나면서 네로는 쫓기는 신세가 되었어. 자신을 돕는 부하도 없는 데다가 더 이상 도망갈 곳이 없다고 생각한 네로는 스스로 목숨을 끊고 말았지.

중국 황제 vs 로마 황제

과거 중국의 황제는 절대적 권력을 가지는 자였어. 혈통으로 세습되는 권한이었기 때문에 아무리 무능하고 욕심만 부리더라도 신하들과 백성들은 충성을 다할 수밖에 없었어. 하지만 로마 황제는 세습되는 자리도 아니었고, 단지 여러 특권을 가진 시민 정도였지. 그래서 황제가 되려면 시민들의 지지를 얻을 수 있을 실력이 있어야 했어. 로마 황제들 중에는 신분이 낮았던 사람도, 이민족이었던 사람도 있었어. 무척 공평해 보이지만 누구나 황제가 될 수 있었기 때문에 그만큼 권력 다툼이 자주 일어나기도 했단다.

로마의 분열, 멸망의 길로

로마의 평화는 전쟁이 멈추면서 서서히 깨지기 시작했어. 무슨 소리냐고? 로마 제국에서는 처음에 병사들에게 아무런 지원도 하지 않다가, 병사들에게 봉급을 주기 시작했어. 그 때문에 가난한 사람들은 군인으로 자원하여 나라에서 월급을 받으며 생활했어. 전쟁에 승리하면 장군들이 전리품을 나누어 주었기 때문에 다소 풍족한 생활도 할 수 있었지.

하지만 오현제 시대부터 차츰 정복 전쟁이 줄어들면서 군인들이 받아 가는 돈이 크게 줄어들었어. 장군들은 오히려 이런 군인들의 불만을 이용해 권력을 잡을 궁리를 했지. 자신을 따르면 많은 돈을 벌게 해 주겠다고 말이야. 병사를 끌어모은 장군들은 권력을 잡기 위해 경쟁자들과 싸움을 벌였어.

나라 곳곳에서는 반란이 일어났고, 반란에 성공한 군인은 황제가 되기도 했어. 235년부터 284년 사이, 50여 년이라는 짧다면 짧은 기간 동안 황제가 무려 스물여섯 번이나 바뀌었어. 몇 개월 만에 황제 자리에서 쫓겨난 사람도 있었지. 아무리 길어도 5년을 넘긴 황제가 없을 정도였어. 이때를 '군인 황제 시대'라고 불러. 로마 제국은 이때 최대 위기에 놓였어.

284년 로마는 새로운 황제를 맞게 돼. 이탈리아의 천민으로 하급 병사에서부터 시작하여 황제가 된 디오클레티아누스야. 디오클레티아누스는 거대한 로마 제국을 두 명의 황제와 두 명의 부황제가 나

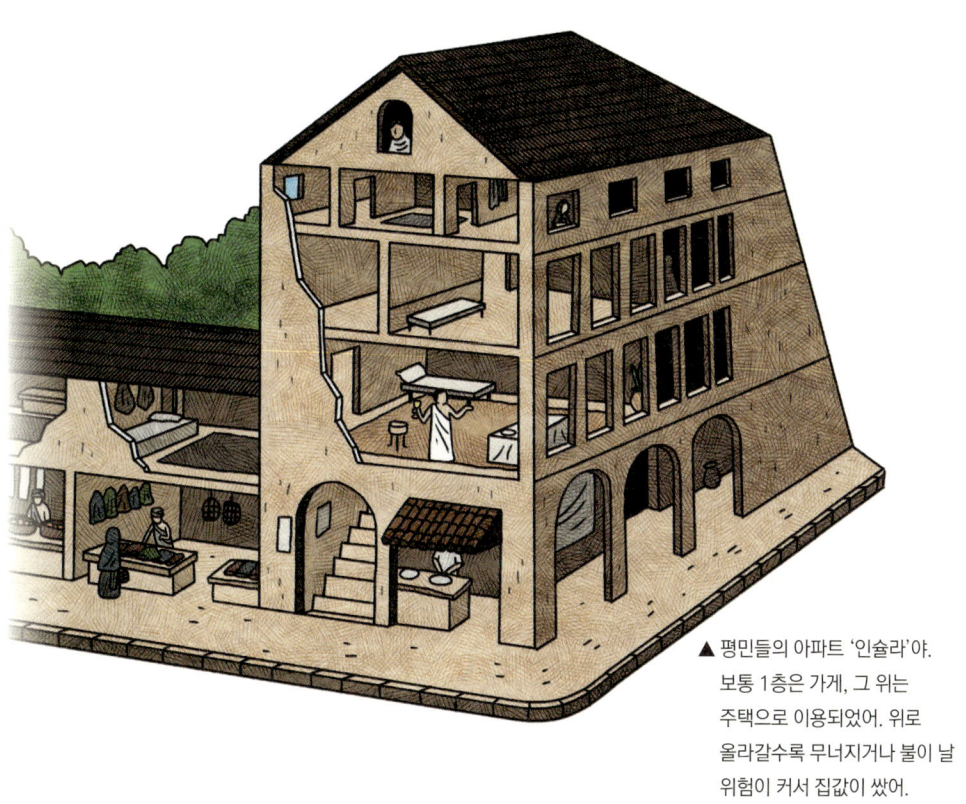

▲ 평민들의 아파트 '인슐라'야. 보통 1층은 가게, 그 위는 주택으로 이용되었어. 위로 올라갈수록 무너지거나 불이 날 위험이 커서 집값이 쌌어.

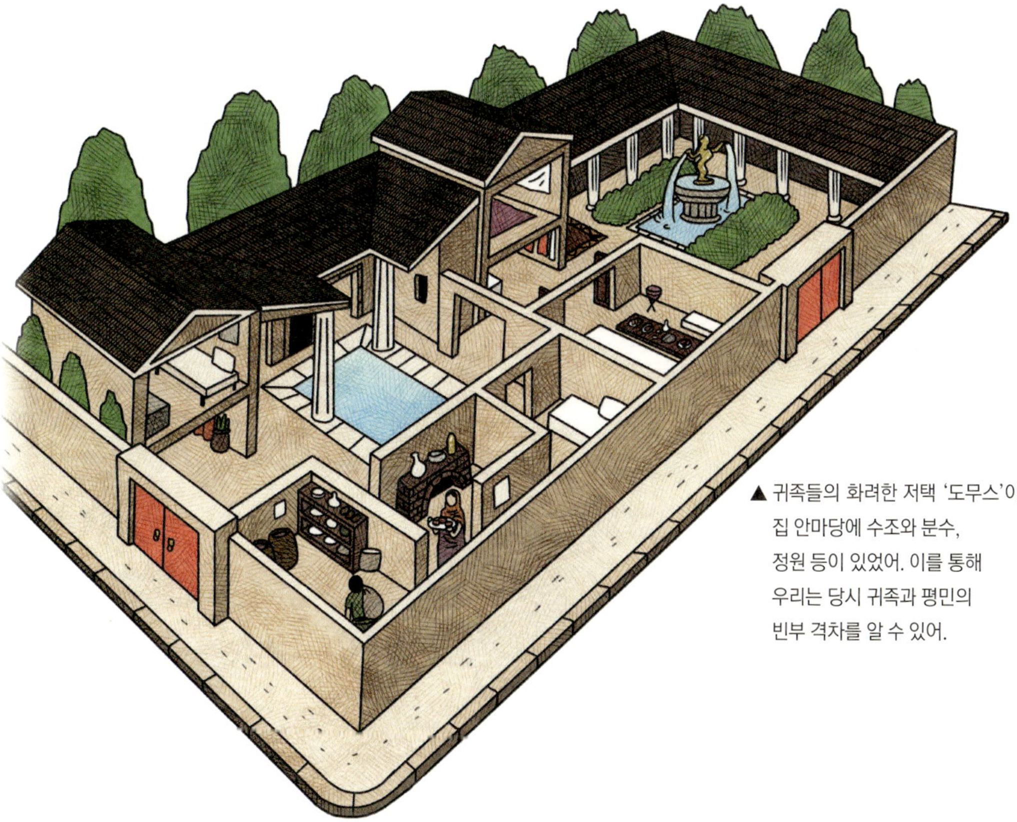

▲ 귀족들의 화려한 저택 '도무스'야. 집 안마당에 수조와 분수, 정원 등이 있었어. 이를 통해 우리는 당시 귀족과 평민의 빈부 격차를 알 수 있어.

디오클레티아누스는 293년에 4분할 통치, 제국 분할 통치를 시작했어. 광대한 영토를 효율적으로 통치하려면 공동 황제를 도울 부황제가 필요하다고 생각했던 거야.

누어 통치하도록 한 첫 번째 황제였어. 그 당시 로마는 영토가 너무 넓었던 탓에 속주를 잘 관리할 수 없었어. 그래서 정복지 곳곳에서 반란이 일어났지. 전쟁터를 돌아다니며 정복지의 반란을 목격했던 디오클레티아누스는 차라리 제국을 여러 개로 나누어 통치하는 것이 낫다고 생각했어.

디오클레티아누스는 제국을 동방 제국과 서방 제국으로 나눈 다음, 자신은 동방 제국의 황제가 되었어. 당시에는 오리엔트 문명이 훨씬 발달한 상태였기 때문에 동방 제국이 로마의 핵심이었거든. 동방 제국과 서방 제국은 각자의 자식들을 혼인시킨 뒤 서로 볼모로 잡아 두었어. 배신을 막기 위한 방법이었지. 또 황제라는 호칭 대신 '정제'라는 호칭을 쓰고 부제(부황제)를 두었어. 지금으로 말하면 대통령을 도와 일하는 부통령이나 국무총리 같은 역할이지.

정제는 자신의 영토 절반을 부제에게 맡기고 알아서 통치하도록 했어. 결국 로마 제국은 디오클레티아누스 황제 즉위 뒤 네 개의 영토로 나뉜 셈이지. 디오클레티아누스는 내전으로 혼란스럽던 로마를 다시 통일하며, 제국을 다시 안정시켰어. 그러나 이런 훌륭한 업적

▲ 디오클레티아누스의 초상을 각인한 동전

▲ 제국의 분할 통치

에도 불구하고 디오클레티아누스에 대한 평가는 좋지 않아. 디오클레티아누스가 크리스트교를 심하게 박해했기 때문이야. 크리스트교 신도들에게 로마의 신을 믿으라고 강요하고, 말을 듣지 않으면 사형시켜 버렸어. 2년여 동안 약 3천 명이 넘는 크리스트교 신도들이 사형을 당했다고 해.

디오클레티아누스 때 나누어 통치했던 로마 제국은 콘스탄티누스 대제 때 다시 하나로 움직이는 통일 국가가 되었어. 그리고 디오클레티아누스와 달리 콘스탄티누스 대제는 크리스트교를 인정해 주었어. 분열되어 가는 로마 제국을 크리스트교라는 종교를 이용해 하나로 통합해 보려고 한 거야. 이러한 콘스탄티누스 대제의 노력에도 불구하고 로마 제국은 계속 기울어 갈 뿐이었어. 북쪽에서 밀려오는 게르만족의 대이동은 로마 제국의 멸망을 재촉했지.

▼ 콘스탄티누스 대제

역사 속 상식 쏙

크리스트교의 탄생

크리스트교는 로마 제국 시대에 처음 만들어졌어. 크리스트교는 하느님을 믿으며, 예수의 가르침을 믿고 따르는 종교야. 예수를 악과 불행이 가득한 세상에서 구원해 줄 메시아로 믿고 있지. 원래 메시아는 유대교에서 처음 등장했어. 메시아는 사람들에게 하느님의 뜻을 전하여 사람들을 이끌어 주는 구세주를 뜻해.

나사렛 예수는 유대인들이 모여 살던 예루살렘에서 태어난 인물이야. 그 당시 예루살렘이 속해 있던 이스라엘 역시 로마 제국의 속주 중 하나였어. 예수는 한 예언자의 말 때문에 태어나자마자 헤롯왕을 피해 이집트로 피난을 갔어. 당시 예루살렘의 마구간에서 메시아가 태어난다는 예언을 듣고 헤롯왕이 그 시기에 태어난 남자아이들을 모두 죽이고 있었거든. 그래서 예수는 오랜 세월 이집트로 피해 있다가 어른이 되고 나서야 다시 고향으로 돌아올 수 있었어.

예수는 모든 사람이 평등하며 서로 사랑해야 한다고 사람들에게 전파했어. 점점 그를 따르는 사람이 많아졌고, 예수를 메시아로 믿는 사람들이 늘어났지. 예수의 생각은 가난한 사람들 사이에 빠르게 퍼져 갔어. 비록 지금은 가난하고 힘들어도 하느님의 세계에서는 행복한 생을 맞을 수 있다는 말에 사람들은 위로를 얻었던 거야. 예수를 따르는 사람이 점점 늘어나자 그를 견제하는 사람들도 생겨났어.

유대교 지도자들은 예수를 메시아로 인정하지 않았어. 로마 정치가들은 가난한 사람들을 선동한다며 예수를 미워했어. 하층민들이 힘을 합쳐 반란을 일으킬까 봐 걱정했던 거지.

▲ 네덜란드 화가인 헤리트 반 혼토르스트가 그린 〈목동들의 경배〉야. 마구간에서 태어난 아기 예수를 목동들이 경배하는 모습이지.

결국 예수는 유대교 사제들에게 붙잡혀 로마군에게 넘겨졌어. 로마 군대는 예수를 십자가에 못 박아 사형시키고 말았지. 예수는 33세라는 젊은 나이에 죽고 말았지만, 그의 메시지는 제자들에 의해 로마 제국 전체로 퍼져 갔어.

로마인들은 여러 신을 믿었기 때문에 중요한 일이 있을 때마다 신들에게 제물을 올리며 기도를 했어. 하지만 하느님만을 믿었던 크리스트교 신도는 로마의 여러 신에게 제사를 올리지 않았지. 그래서 전쟁에 패할 때마다 크리스트교 신도들은 항상 핍박받았어. 로마인들은 크리스트교 신도들이 신에게 제사를 올리지 않았기 때문에 신이 화가 나서 전쟁에 패한 것이라고 생각했거든. 그러고는 크리스트교 신도들을 감옥에 가두거나 로마의 신을 믿으라고 강요했지.

오랜 기간 핍박받던 크리스트교 신도들에게도 희망의 날이 찾아왔지. 로마 황제인 콘스탄티누스 대제가 크리스트교를 종교로 인정해 주었거든. 그 당시 평민들 사이에서는 크리스트교가 빠른 속도로 퍼지고 있었어. 콘스탄티누스 대제는 크리스트교를 인정함으로써 로마 평민들의 마음을 자신에게 돌리고 싶었던 거지.

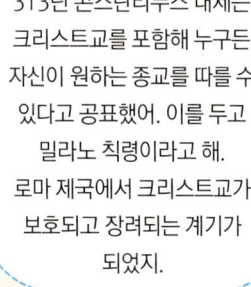
▲ 라파엘로가 그린 〈콘스탄티누스의 세례〉

콘스탄티누스 대제가 크리스트교를 인정하자 귀족들도 황제에게 잘 보이기 위해 크리스트교를 받아들이기 시작했고, 392년 황제 테오도시우스 1세는 크리스트교를 로마의 국교로 정했어. 예전과는 반대로 크리스트교 외에 다른 신을 믿으면 안 되는 상황이 된 거야.

그 뒤 크리스트교는 유럽의 주요 종교로 자리 잡기 시작했어. 중세 시대 유럽인 대부분이 크리스트교를 믿었으며, 서양 문화는 크리스트교를 바탕으로 발전하게 되었단다.

313년 콘스탄티누스 대제는 크리스트교를 포함해 누구든 자신이 원하는 종교를 따를 수 있다고 공표했어. 이를 두고 밀라노 칙령이라고 해. 로마 제국에서 크리스트교가 보호되고 장려되는 계기가 되었지.

게르만족의 대이동과 로마의 멸망

콘스탄티누스 대제에 이어 기원후 376년에 즉위한 테오도시우스 1세는 넓은 땅을 좀 더 효율적으로 다스릴 수 있도록 로마 제국을 두 개로 나누어 아들들에게 물려주었어.

이것이 디오클레티아누스가 동방 제국, 서방 제국으로 나누었을 때와 무슨 차이가 있냐고? 동방 제국과 서방 제국일 때에는 황제가 비록 두 명일지라도 로마 제국이라는 커다란 울타리 안에 포함된 한 나라였어. 하지만 테오도시우스 1세가 사망한 395년, 로마 제국은 아예 동로마 제국과 서로마 제국으로 나뉘게 된 거야. 아예 별개의 나라가 된 것이지.

▲ 테오도시우스 1세

두 개의 로마 제국으로 갈라진 뒤 얼마 지나지 않아 서로마는 큰 위기를 맞게 돼. 바로 북쪽에서 게르만족이 쳐들어온 거야. 게르만족이 서로마의 국경 지대를 침입해 왔지만, 로마 군대는 그들을 막아 낼 힘이 부족했어. 무엇보다도 로마 군대에 속한 게르만 병사들이 전투에 적극적으로 참여하지 않았거든.

로마 제국에서는 이미 오래전부터 게르만족을 용병으로 쓰고 있었어. 로마군이 되겠다는 평민들이 점점 줄어들자 로마 제국에서는 부족한 병사를 다른 민족으로 채워 넣고 있었거든. 그리고 정복국의 민족일지라도 로마를 위해 공을 세운 군인이라면 외국인에게도 로마 시민권을 부여했어. 그중에는 전쟁에서 공을 세워 높은 지위에 오른 사람도 많았지.

게르만족은 서로마 국경 부근의 영토를 차지한 뒤 각자 나라를 만들기 시작했어. 로마 군대가 게르만족의 침입을 제대로 막지 못하자 여기저기에서 게르만족 국가들이 생겨났지. 결국 476년, 게르만족 출신의 용병 대장 오도아케르가 서로마의 황제 로물루스 아우구스투스를 몰아내고 서로마 제국의 새로운 왕이 되었어. 이렇게 기원전 8세기부터 이어져 온 로마 제국은 한순간에 멸망의 길에 다다르고 말았지.

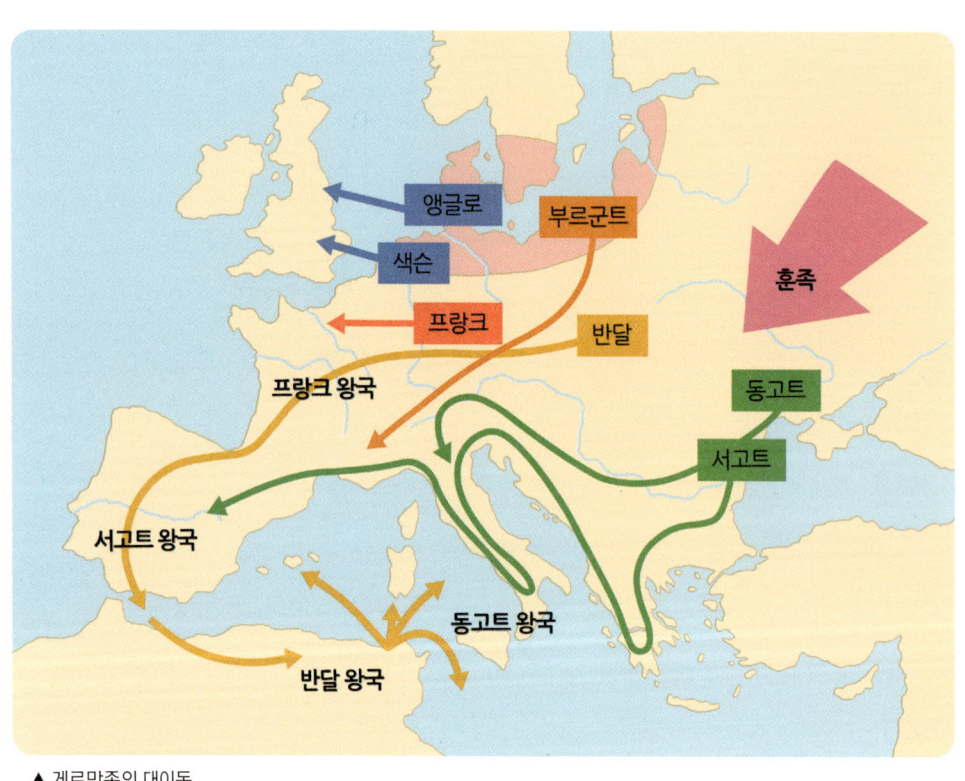

▲ 게르만족의 대이동

게르만족의 원거주지

역사 속 상식 쏙

게르만족의 대이동이 왜 일어났을까?

원래 게르만족은 알프스 너머에 위치한 북유럽 쪽에 살았던 민족이야. 이들은 장소를 옮겨 다니며 목축을 하거나 농사를 지으며 살았어. 그러다 보니 로마 제국의 국경 지역에는 게르만족들의 침입이 잦을 수밖에 없었어. 3~4세기 무렵 많은 수의 게르만족이 로마 국경을 넘으며 로마는 더욱 혼란스러워졌지.

사실 게르만족이 살던 땅을 떠나 남쪽으로 내려온 것은 훈족 때문이었어. 훈족은 중앙아시아 초원 지대에 살던 유목민들이었어. 훈족은 점차 영토를 넓혀 유럽으로 넘어오기 시작했고, 그들에게 밀려 게르만족은 남쪽으로 내려올 수밖에 없었지. 게르만족의 대이동으로 고대 유럽 시대는 끝나고 중세 유럽의 역사가 시작되었단다.

하지만 동로마 제국은 그 뒤로도 오랫동안 명맥을 유지했어. 동로마 제국은 서로마 제국의 멸망 뒤에도 천여 년 동안 동유럽을 중심으로 세력을 지켜 왔지. 동로마 제국은 1453년 오스만 튀르크족이 세운 이슬람 제국의 술탄 메흐메드 2세에 정복당하면서 역사 속으로 사라졌단다.

📖 세계사가 한눈에 쏙!

01 도시 국가로 출발한 로마는 에트루리아 출신인 왕을 내쫓고 공화정을 시작했다.

02 로마는 포에니 전쟁의 결과 서지중해 연안을 장악하며 로마 제국의 기틀을 마련했다.

03 전쟁에서 승리한 뒤 귀족들은 부자가 되었고, 많은 노예를 이용해 대농장을 만들기 시작했다.

04 자영농인 평민들이 몰락하여 공화정이 위기를 맞게 되자 그라쿠스 형제는 여러 가지 개혁법을 통해 몰락한 평민층을 재건하려고 하였다. 그러나 귀족층의 반발로 큰 성과를 거두지 못했다.

05 공화정은 점차 힘을 잃어 갔고, 카이사르 같은 군인 정치가가 등장하였다. 카이사르가 독재로 암살당하자 그 뒤를 이어 옥타비아누스가 정권을 잡았고 옥타비아누스는 아우구스투스라는 칭호를 얻게 된다.

06 다섯 명의 현명한 황제가 다스렸던 오현제 시대에는 도로와 도시 시설을 재정비하며 나라를 발전시켰다.

4장
중국의 여러 나라

| 주와 춘추 전국 시대
| 춘추 전국 시대의 사회 경제
| 중국을 통일한 진
| 중국의 정신과 문화의 밑바탕이 된 한
| 중앙아시아에서 유목민이 세운 흉노

중국을 오랫동안 지배하며 평화를 누린 주는 제후국으로 쪼개지면서 전쟁이 끝없이 이어졌어. 춘추 전국 시대로 접어들게 된 거지. 550년에 걸친 혼란을 끝내고 중국을 최초로 통일한 나라는 진이었어. 그리고 진의 뒤를 이어 한이 중국 역사에 흔적을 남겼지.

한족, 한자라는 말을 들어 본 적 있니? 한족은 오늘날의 중국 사람을 가리키고, 한자는 중국의 글자를 의미하지. 이 단어들에는 모두 한의 '한'이라는 글자가 붙어 있단다. 한은 중국을 최초로 통일한 진 다음으로 통일 국가를 세운 나라야. 진이 중국을 통치한 기간이 고작 15년이었다면, 그에 비해 한은 무려 400년이나 중국을 지배했지.

왜 진은 중국 통일을 이룬 지 얼마 되지도 않아서 무너진 걸까? 반면에 한은 어떻게 그리 길게 나라를 통치할 수 있었던 걸까?

우리 이제부터 중국에 들어선 여러 나라에 대해서 한번 알아보자꾸나. 또한 동북아시아의 원조 유목 국가인 흉노의 역사에 대해서도 함께 살펴보자.

▼ 한의 국가 이념이었던 유학의 사상가인
   공자를 기념하는 취푸 공자 유적

주와 춘추 전국 시대

기원전 1600년부터 500여 년의 역사를 이어 오던 상은 옆 나라인 주의 무왕에 의해 기원전 1046년에 멸망하고 말았어. 그런데 주도 기원전 771년에 견융이라는 주의 서쪽에 살던 이민족의 침략을 받게 되지.

당시 주의 왕은 유왕이었는데, 포사라는 여인에 쏙 빠져서 나라를 돌보지 않고 방탕하게 살았어. 주의 수도인 호경을 견융이 공격했지만 제후들은 도와주지 않았지. 결국 유왕은 죽임을 당해. 그리고 주는 수도를 동쪽에 있는 낙읍으로 옮기고 새로운 왕을 추대했어. 주가 낙읍으로 수도를 옮기면서 춘추 전국 시대가 시작되었어.

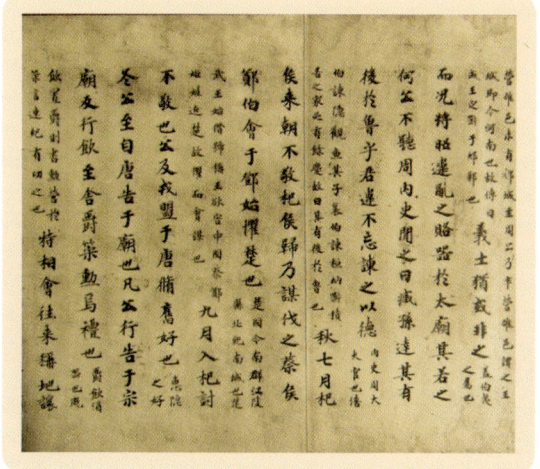

▲《춘추》의 일부

사실, 춘추와 전국은 책의 이름이야. 《춘추》는 기원전 772년부터 기원전 479년까지의 역사를 기록한 책이지. 이《춘추》에 기록된 시기를 춘추 시대라고 해. 맹자는《춘추》를 쓴 사람이 공자라고 했지만, 요즘에는 공자의 사상을 따르는 다른 사람들이 쓴 책이라고 하기도 해.

또《전국책》은 유향이 전략가들의 말을 모아 쓴 책이야. 위열왕부터 시작해서 주 다음인 진이 중국을 통일할 때까지를 기록한 책이지.《전국책》에 기록된 시기를 전국 시대라고 하는 거야.

다시 낙읍으로 수도를 옮긴 이후의 주로 돌아가 볼게. 낙읍은 호경의 동쪽이어서 이때부터 '동쪽의 주' 즉, '동주'라고 했어. 동주의 왕은 제후들 덕분에 겨우 자리만 지키는 꼴이었어. 그러니까 주의 왕보다 제후들의 힘이 엄청 세진 거야. 제후들은 수도 낙읍을 둘러싼 제후국들을 다스리고 있었는데, 군사력이 강하고 부유했어. 반면, 주의 왕은 힘도 약해서 허수아비처럼 제후들의 눈치를 봐야 했지. 춘추 시대는 봉건제의 모습을 유지하기는 했지만, 왕의 권력이란 게 유명무실했어. 상황이 이렇게 되자, 제후국들은 서로 경쟁적으로 힘을 키워 나갔어.

춘추 시대가 지나고 전국 시대가 되었을 때 주의 왕은 완전히 힘을 잃은 상태였어. 제후들은 이제 스스로 왕이라고 부르기 시작하면서 다른 제후국들을 침략하였기 때문에, 중국 전체에 전쟁이 일어났어. 강한 나라는 살아남고 약한 나라는 멸망했지. 결국 일곱 개 나라가 남아 중국 전체를 나누어 지배하기 시작했어.

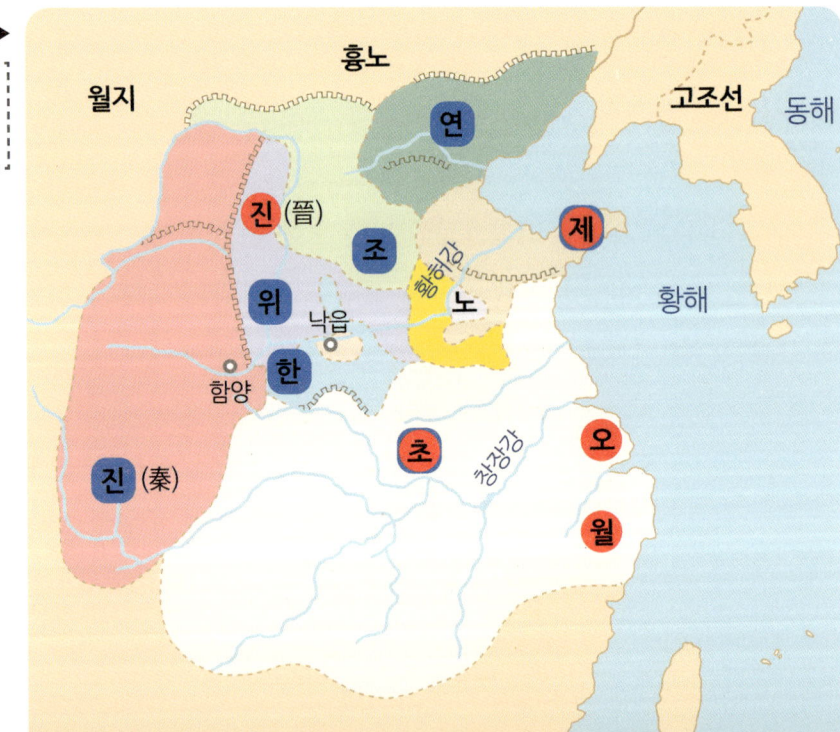

▶ 춘추 전국 시대

춘추 전국 시대의 사회 경제

춘추 전국 시대는 이처럼 전쟁을 거치면서 수많은 나라가 망하고 새로운 나라가 나타나던 시기였어. 나라가 강해지려면 인재가 필요했고 전쟁을 해서 영토를 넓히려면 군사와 돈도 많이 필요했어. 그래서 학문이 왕성하게 발전하고, 나라 사이에 이동도 활발했지. 서로 왕래하면서 문화가 섞이고 발달하고, 새로운 사상을 가진 인물들이 나타났어. 춘추 전국 시대

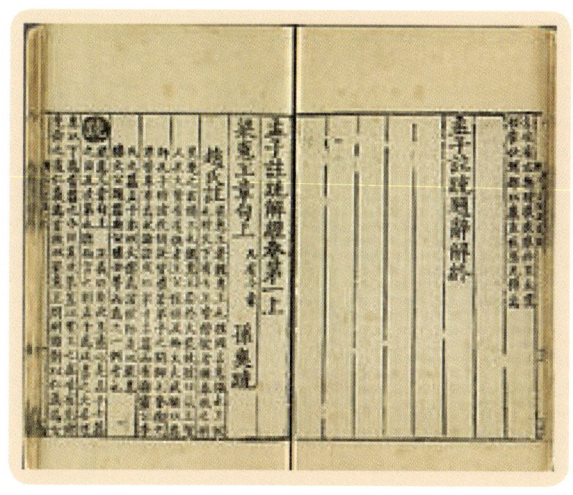

▲ 맹자의 사상이 담긴 책인 《맹자》야. 맹자가 전국을 다니며 만난 제후와 다른 학파 사람들과 나눈 대화가 담겨 있어.

는 정치적으로는 혼란스러운 시기였지만, 경제와 문화는 비약적으로 발전하게 돼. 유가, 도가, 법가, 묵가 같은 오늘날까지 전해 내려오는 사상들이 이 시대에 만들어졌어. 그래서 이 시대를 제자백가의 시대라고 부르지. 제자백가는 춘추 전국 시대에 등장한 여러 사상가와 학파를 가리키는 말이야.

《춘추》의 책을 쓰거나 엮은 사람으로 알려진 공자와 맹자는 유가를 이끌었던 사상가야. 공자는 임금은 임금답게, 신하는 신하답게, 부모는 부모답게, 자식은 자식답게 사는 것이 정치라고 여기고, 가르치면서 수천 명의 제자를 배

> 춘추 전국 시대에 제후국은 살아남기 위해서 농지를 개간하고, 철기를 도입했어. 그러면서 농업 생산량이 크게 늘어났지. 그렇게 부국강병 경쟁을 펼친 거야.

◀ 철제 농기구

출했어. 맹자는 공자보다 100년 정도 뒤에 태어난 사상가인데, 공자의 사상을 이어받았어. 공자와 맹자의 사상은 공맹 사상이라고 해서 오늘날까지도 전해 내려오고 있지.

춘추 전국 시대의 발전에 대해 잠시 살펴보자. 이 시대는 한 마디로, 무한 경쟁의 시대였어. 약하면 멸망할 수밖에 없는 약육강식의 시대라서 사회, 기술, 경제를 발전시키지 않으면 살아남을 수가 없었어. 능력 있는 사람이라면 하루아침에 노예에서 귀족이 되기도 했지. 노예가 전쟁에서 공을 세워 장군이 된 경우가 종종 있었어. 또 몰락한 귀족이 노예로 끌려가기도 했지.

제후국들은 강한 나라가 되기 위해 돈이 많이 필요했어. 그래서 세금을 많이 거둬야 했는데, 그러려면 세금을 내는 일반 평민이 많아야 했지. 왕들은 과거의 농노제를 폐지하고, 직접 농사를 짓도록 장려했어. 또 상업과 무역을 활성화하도록 지원했지. 이렇게 경제 활동이 활발해져야 세금을 많이 거둘 수 있기 때문이야. 경제가 활발해지니까 교환 수단으로 화폐가 많이 쓰이기 시작했어.

또 철기 문화가 본격적으로 열리기 시작한 때가 춘추 전국 시대야. 알겠지만, 청동기는 구하기 어려워 귀족들의 생활용품이나 제사 도구로 주로 사용되었던지라 일반 백성은 사용하지 못해서 생활을 크게 변화시키지는 못했어. 하지만 철기는 달랐지. 철이 널리 보급되면서 철로 만든 무기와 농기구들이 큰 변화를 일으켰어. 농산물의 수확량이 크게 늘어났고, 그러면서 수공업과 상업도 발달했지. 기

> 농노제란 농민들이 토지 주인인 지주에게 세금과 노역을 바치고 농사를 짓는 제도를 말해.

원전 5세기 무렵에는 거의 대부분의 농기구나 무기가 철로 만들어졌을 정도야. 그렇게 되자 백성들은 경제적인 여유가 생겼고, 경제적인 안정은 사회와 문화가 더욱 발달하는 밑거름이 되었어. 일곱 개의 나라로 나누어져 있던 중국은 전쟁을 거듭하면서 다시 하나의 나라로 통일을 하게 돼. 그 나라가 바로 진이야.

중국을 통일한 진

최초로 중국을 통일한 사람은 바로 시황제야. 시황제는 원래 전국 시대 7웅 중 하나인 진의 왕이었는데, 나머지 여섯 나라를 차례로 정복하여 중국 전체를 '진'이라는 이름으로 통일했지. 그리고 왕의 호칭을 '황제'로 고쳐 부르도록 하고, 자신을 첫 번째 황제라는 의미에서 시황제라고 부르도록 했어.

시황제는 강력한 힘을 가지고 나라 전체를 혼자서 다스렸어. 하지만 일곱 나라가 합쳐진 진을 다스리는 것은 쉬운 일이 아니었어. 지역마다 다른 언어를 썼고, 생활 방식도 각각 달랐기 때문이야. 시황제는 각 지역의 생활 방식을 통일해야겠다고 생각했어.

시황제는 우선 진의 말을 공식 언어로 지정했어. 돈도 진의 화폐였던 반량전만 쓰도록 했지. 또한

▲ 시황제

> 법가는 중국 전국 시대의 제자백가 가운데에 상앙, 한비자 등의 학자 또는 그들이 주장한 학파야. 법을 중하게 여겨 형벌을 엄하게 하는 것이 나라를 다스리는 기본이라고 주장하였어.

> 분서갱유란 시황제가 학자들의 정치적 비판을 막기 위해 민간의 책 가운데 의약, 복서, 농업에 관한 것을 제외한 서적을 불태우고 수많은 유생을 구덩이에 묻어 죽인 일을 말해.

길이, 부피 등의 단위법인 도량형을 통일했어. 시황제는 법을 만들고, 제도를 정비해 중앙 집권 체제를 구축했어.

하지만 사람들은 진시황의 이런 엄격하고 강압적인 통치 방법을 쉽게 받아들이지 못했어. 법에 따라 나라를 통치하려 하자 법가 사상가들을 제외한 유가와 도가 등 다른 사상을 갖고 있던 사람들이 크게 반발했지. 이에 시황제는 분서갱유를 단행했어. 더 이상 아무도 시황제에게 반기를 들 수 없도록 더욱 강하게 나라를 통치하기 시작한 거야.

시황제가 죽자 중국은 다시 혼란에 빠졌어. 강한 왕권에 억눌렸던 사람들은 황제가 죽자

▲ 반량전

▼ 춘추 전국 시대 혼란스러웠던 중국을 통일한 시황제의 무덤이야. 사마천의 《사기》에 따르면, 시황제 즉위 초부터 착공했는데, 70여 만 명이 동원되었다고 해. 시황제가 죽고 난 뒤, 그가 살아 있을 때 썼던 물건들을 작은 크기로 만들어 모두 넣었어. 또 무덤을 지키는 진흙으로 만든 말과 병사도 함께 넣었는데 그 수가 무려 1만 개 정도였다고 해.

여기저기에서 반란을 일으켰고, 5년 만에 진은 멸망하고 말았어. 중국 최초의 통일 국가였던 진은 고작 15년밖에 존재하지 못한 셈이지.

시황제는 도로를 닦기도 했는데, 셴양에서 흉노와의 국경 지역으로 군대를 보내기 위해 닦은 곧은길은 '직도', 전국에 흩어진 현들과 셴양을 잇는 도로는 '치도'라고 했어.

▲ 분서갱유

역사 속 상식 쏙

진승과 오광의 봉기

진승과 오광은 남의 땅을 경작하며 살아가던 가난한 농부들이었지. 진 말기, 진승과 오광은 만리장성의 북쪽 국경을 수비하는 병사로 징병되어 목적지인 어양을 향해 떠나게 되었어. 그런데 하루는 큰 비가 내려서 원래 도착해야 하는 날짜까지 도착하지 못하게 됐지. 문제는 진의 법률상 도착해야 하는 날짜까지 도착하지 못했을 경우에 어떤 이유를 막론하고 사형을 당할 수밖에 없었다는 거야. 진승과 오광도 어김없이 사형을 당해야 할 판이었지. 그러자 너무나 억울해진 진승과 오광은 "왕후와 장상의 씨가 어찌 따로 있는가."라고 분개하며 봉기를 일으켰어. 이는 중국 역사상 최초의 농민 반란이었지.

왕후장상은 왕, 제후, 장수, 재상을 뜻해. 즉, 진승과 오광이 한 말은 반란을 일으켜 성공하면 우리도 나라의 높은 사람이 될 수 있다는 말이야.

▲ 항우

▲ 유방

중국의 정신과 문화의 밑바탕이 된 한

진이 망하고 중국은 여섯 개의 나라로 갈라졌어. 항우가 이끌던 초가 가장 강했지만 결국 유방이 다른 나라들을 제압하고 '한'이라는 통일 국가를 세웠지. 유방은 기원전 202년, 한의 제1대 왕인 고조가 되었어. 진이 15년밖에 버티지 못했던 것에 비해 한은 400여 년 넘게 이어졌지. 로마 제국이 유럽 역사에 큰 영향을 미쳤던 것처럼 한은 중국의 정신과 문화의 밑바탕이 되었어.

시황제가 중앙 정부를 중심으로 나라를 이끌었던 것에 비해, 유방은 제후들과 협력하여 나라를 이끌어 가려고 했어. 그래서 통일 국가를 함께 만들었던 사람들을 제후로 임명한 뒤 지방을 다스리게 했지.

한의 전성기를 이끈 무제는 유교를 국가 통치의 이념으로 삼고, 대학을 세워 사람들에게 유교를 가르쳤어. 중국의 유교는 아시아에 큰 영향을 미쳐 우리나라와 일본에도 유교 정치가 퍼지게 되었어.

우리나라 글자를 한글이라 하는 것처럼, 중국 글자는 한자라 부른단다. 한자라는 말은 한의 글이라는 뜻이야. 한자가 완성된 때가 한 시기라는 점을 드러낸 것이지.

한은 점점 안정되어 농업

▲ 한의 황제인 한 무제는 흉노, 고조선, 서역, 베트남 등을 정복했어. 그는 한의 영토를 최대로 넓힌 황제였어.

▲ 장건 출사 서역도야. 비석 왼쪽에 무릎을 꿇고 있는 인물이 서역으로 떠나는 장건이고, 오른쪽에 말 위에 탄 사람이 한 무제야. 장건의 서역 파견을 계기로 비단길이 개척되었어.

과 상업이 발달하기 시작했어. 영토도 최고로 넓어져 나라 안의 거래를 넘어 멀리 다른 나라들과도 거래하는 일이 많아졌지. 유럽과 중국을 잇는 무역길인 '비단길'이 만들어진 것도 이때야. 비단길, 즉 실크 로드를 통해 중국에 불교가 전파되었고, 중국의 도자기와 비단이 유럽에 알려졌지. 이 길은 비단이 오가는 길이라 해서 '실크 로드'라 불렸어. 비단길은 중국에서 지중해 동쪽까지 6,000킬로미터가 넘게 이어졌지.

▼ 비단길과 각 주요 지역에서 거래된 특산물

한은 무제가 죽은 뒤 외척이 대두하여 정권을 좌우하는 가운데 왕망이 한을 멸망시켰어. 그리고 기원후 8년 무렵 신 왕조를 세웠지. 왕망은 대토지 소유를 제한하였으나 오히려 큰 혼란이 일어났어. 농민들이 반란을 일으켜 신을 멸망시켰지. 곧이어 유수(광무제)가 호족들의 지원을 받아 한을 다시 세웠어. 바로 후한이 시작된 거야. 호족은 대토지 소유를 크게 규제하지 않았기 때문에 대토지 소유는 계속적으로 확대되었어. 토지를 잃은 농민들은 더욱 늘어 갔고 중앙에서는 외척과 환관이 다툼을 벌였지. 결국 각종 부담에 시달리던 농민들이 황건적의 난을 일으켰고, 후한은 220년, 삼국으로 분열되었어.

중앙아시아에서 유목민이 세운 흉노

중앙아시아의 넓은 초원에는 유목민들이 흩어져 살았어. 아주 대표적인 유목민이 흉노야. 부족 단위로 흩어져 살던 흉노는 기원전 4세기 무렵 몽골고원을 중심으로 통일 제국을 만들어 나갔지. 당시 중국에서는 춘추 전국 시대를 거치며 진이 중국을 통합하고 있었어.

흉노는 중국 쪽으로 힘을 뻗치기 시작했어. 시황제는 흉노가 몹시 두려웠어. 그래서 흉노의 침입에 대비해 국경 지역에 어마어마하게 길고 높은 성벽을 쌓았지. 이것이 바로 만리장성이야. 만리장성은 린타오에서 랴오둥까지 동서로 길게 세워졌어.

흉노는 잠시라도 중국이 약해지면 공격할 기회를 노렸어. 진이 멸망한 뒤 한 시기에도 중국은 여전히 흉노를 두려워했어.

항우를 무찌르고 한을 세운 유방은 흉노를 토벌하기 위해 대대적인 토벌 작전을 펼쳤어. 하지만 실패하고 말았지. 오히려 전쟁에 진 대가로 흉노에 매년 많은 재물을 바쳐야 했어.

그러나 원래 흩어져 살던 유목민들이었던지라 흉노의 단합은 오래가지 못했어. 유목민들 내부에 분열이 일어나 서로 싸우다 한의 침략으로 세력이 약해졌단다.

▼ 흉노를 북쪽으로 몰아내기 위해 쌓은 만리장성이야. 전국 시대에 북방 유목민과 이웃하였던 진, 조, 연 등이 건설하였던 것을 시황제가 연결하여 완성했어.

📖 세계사가 한눈에 쏙!

01 춘추 시대는 주가 낙읍으로 도읍을 옮긴 이후 기원전 400년대 초까지의 시기로, 우두머리 제후인 패자를 중심으로 질서가 유지되었다. 전국 시대는 기원전 400년대 초부터 진의 통일까지의 시기로 일곱 개의 힘센 제후국이 균형을 이루었다.

02 춘추 전국 시대에는 본격적으로 철기가 사용되었고, 이로 인해 농업 생산력이 발달하였다. 또 수공업과 상업이 발전하고 제자백가들이 등장하였다.

03 시황제는 '황제'라는 용어를 사용하고 중앙 집권적인 행정 제도를 갖췄다. 또 도량형, 화폐, 문자를 통일하고, 엄격한 법에 따라 나라를 다스리려 했다. 그러나 무리한 토목 공사와 강압적 통치로 진은 통일 15년 만에 멸망했다.

04 항우의 초와 유방의 한이 대결한 끝에 한이 승리한다. 한 무제 시기에 중국은 영토를 최대로 넓히며 다양한 교역물이 오가는 비단길을 완성했다.

05 흉노 제국은 중앙아시아의 수많은 유목민들의 힘을 합쳐 만든 통일 제국이다. 흉노는 한의 고조와의 전쟁에서 이겨 많은 공물을 받았으나 한 무제의 공격을 받아 세력이 약해졌다.

5장
인도의 여러 왕조

| 마우리아 왕조의 탄생
| 찬드라굽타 마우리아의 시대
| 불교의 등장
| 인도를 통일한 아소카왕
| 동서 세계를 연결한 쿠샨 왕조

인도는 불교가 탄생한 곳이야. 하지만 현재 인도에서는 전체 인구의 약 80퍼센트를 넘는 사람들이 힌두교를 믿고, 약 10퍼센트는 이슬람교를 믿고 있어. 불교를 믿는 사람은 3억 명이 넘는 인구 중 약 750만 명 정도로 알려져 있는데, 이 수치가 약 3퍼센트에도 미치지 못해.

고대 인도에서는 부처의 가르침에 따라 나라를 다스렸던 왕이 있었어. 마우리아 왕조의 제3대 왕이었던 아소카왕이야. 아소카왕은 인도 남부의 일부를 제외한 나머지 인도 땅을 통일한 왕이었어. 그는 오리사 해안에 위치한 칼링가 지방을 정복하면서 전쟁의 참상을 깨닫고, 참회하기 위해 불교를 신앙으로 삼았고, 그 뒤에는 무력으로 정복하는 일을 그만두었대.

정복 군주였던 아소카왕은 어떻게 생명을 존중하는 부처의 가르침을 따르게 된 걸까? 인도 최초의 통일 왕국이었던 마우리아 왕조의 발자취를 따라가 보기로 하자.

▼ 고대 인도의 흔적이 남아 있는 바라나시

마우리아 왕조의 탄생

갠지스강 중류 지역에는 지금의 인도 비하르주를 본거지로 마가다 왕국을 비롯하여 여러 개의 부족 국가가 있었어. 그중 마가다 왕국은 기원전 320년 무렵 인도 북부 대부분을 정복했지. 그런데 그때 카이버 고개 너머 중앙아시아에 알렉산드로스가 세력을 확장하고 있었어. 알렉산드로스는 인도의 코끼리 부대를 무너뜨리고 인도 북서부 펀자브 지방을 점령했단다.

알렉산드로스는 인도인 총독을 임명해서 펀자브 지방을 다스리게 했는데, 그 총독이 갑자기 죽었어. 그리고 그때 찬드라굽타 마우리아가 펀자브 지방을 점령했단다.

크샤트리아였던 찬드라굽타 마우리아는 마가다 왕국의 난다 왕조에게 불만이 있는 크샤트리아들을 설득해서 난다 왕조를 무너뜨리고 기원전 317년 마우리아 왕조를 열었어. 드디어 인도를 최초로 통일했던 마우리아 왕조가 만들어진 순간이었지.

▼ 마우리아 왕조의 최대 영역

▲ 찬드라굽타 마우리아

찬드라굽타 마우리아의 시대

마우리아 왕조는 기원전 317년에 세워진 인도 고대의 왕조야. 기원전 185년에 멸망하기까지 130여 년이라는 짧은 기간 동안 인도를 통치했지만, 인도를 최초로 통일한 왕조였어. 마우리아 왕조의 제1대 왕이었던 찬드라굽타 마우리아는 장군 출신답게 공격적으로 영토를 넓혀 갔어.

찬드라굽타 마우리아는 초기 마가다 왕국의 난다 왕조를 시작으로 주변 국가들을 하나씩 정복했지. 정복한 땅에는 총독을 파견해 다스리도록 했어. 찬드라굽타는 강력한 힘으로 지방까지 온전하게 통치하려고 노력했지. 특히 정치적으로 중요한 도시나 국가 경계 지역에는 왕자나 믿을 만한 왕족을 파견했어. 찬드라굽타가 나라를 다스리는 데 가장 큰 도움을 준 사람은 재상 카우틸랴였어. 카우틸랴는 어린 찬드라굽타의 모습을 보고 스승이 되겠다고 나섰던 사람이야. 카우틸랴의 도움을 받아 찬드라굽타는 빠른 시간 안에 나라의 기틀을 마련할 수 있었다고 해.

찬드라굽타는 길을 닦고 농사지을 땅을 개간했어. 상업과 농업이 발달하자 사람들의 생활도 점점 윤택해졌지. 찬드라굽타는 평민들에게 거둔 세금으로 도로와 둑을 정비하고, 군사력도 키워 나갔어. 찬드라굽타는 많은 병사를 훈련시켜 나라를 지키려고 했어. 한때 마우리아 왕조의 병사가 60만 명이 넘을 정도로 엄청난 군사력을 갖고 있었다고 해. 그중에서도 코끼리 8천 마리로 이루어진 코끼리 부대의 위력은 대단했어. 그러다 보니 주변 국가 누구도 쉽게 마우리아 왕조를 넘볼 수 없었단다. 그러나 마우리아 왕조는 3대 왕인 아소카왕이 사망하자 세력을 잃고 기원전 185년에 멸망하였어.

인도 최고의 정치·외교·군사 지도서, 《아르타샤스트라》

《아르타샤스트라》는 마우리아 왕조 시대에 집필된 정치·외교·군사 지도서야. 찬드라굽타가 제국을 만드는 데 가장 큰 공을 세웠던 재상 카우틸랴가 지은 책이지. 아르타는 '실리'라는 뜻으로 '실리론'이라고도 해석해. 외교, 정치, 경제 등 다양한 방면에서 왕국이 취해야 할 자세와 관리들의 의무, 교육 내용까지 자세히 기록되어 있지. 마우리아 왕조를 이루면서 펼쳤던 다양한 정책은 바로 이 《아르타샤스트라》에서 나온 것들이야.

《아르타샤스트라》는 인도 지방의 고전 언어인 산스크리트어로 쓰였으며, 15편 150장으로 구성되어 있어. 인도는 동양의 다른 나라에 비해 부, 재산, 상인들을 높게 평가하는데, 이런 인도의 정신 또한 《아르타샤스트라》에서 나온 것이야.

불교를 비롯해 힌두교, 자이나교의 많은 경전들이 산스크리트어로 기록되어 있어.

▲ 《아르타샤스트라》

불교의 등장

카스트제가 처음 만들어질 때만 해도 계급 간의 차별이 심하지 않았어. 하지만 시간이 흐를수록 차별과 제약이 점차 심해졌어. 카스트제에서는 계급이 다른 사람들 사이에 결혼이 금지되어 있고, 계급에 따라 지켜야 할 생활 규칙도 달라. 그러다 보니 사람들의 생활에 아주 많은 영향을 미칠 수밖에 없었지.

시간이 지나면서 씨족, 부족 사회는 점차 큰 사회로 발전해 갔어. 주변 부족을 정복하면서 영토는 더욱 넓어졌고, 군인들의 영향력도 커졌지. 또 영토가 넓어지다 보니 사람들의 교류도 활발해졌어. 그중에는 왕족이 되어 새로운 왕가를 만드는 사람도 있었어. 특히 먼 지역에서 물건을 가져다 파는 상인들이 돈을 많이 벌게 되었지. 상인들이 속한 바이샤 계급의 입김도 덩달아 세졌겠지. 어느 시대나 세금을 책임지는 사람들은 대부분 평민이었어. 제사를 지내거나 전쟁에 필요한 자금을 대는 것도 평민들이었지. 카스트제로 따지자면 바이샤 계급들이 책임을 진 거야.

시대가 변해도 평민인 바이샤 계급이 세금을 책임져야 한다는 브라만들의 생각은 바뀌지 않았어. 여전히 브라만이 가장 높은 계급이었고, 제사에 필요한 제물들은 아래 계급이 준비하도록 했어. 또한 제사에 필요하다며 막대한 재물을 요구하기도 했지. 이러한 브라만들의 부당한 요구가 계속되자 바이샤 계급의 불만은 커져 갔어. 사회 곳곳에서 브라만교에 반대하는 새로운 사상도 나타나기 시작했지. 주로 브라만 계급에 억눌렸던 크샤트리아와 바이샤 계급에서 이런 움직임이 강하게 나타났어.

사람들의 수행을 중요시하는 불교와 자이나교가 대표적인 종교였지. 불교와 자이나교 모두 격식에서 벗어나 개인의 수행을 강조했지만, 사람들에게 더 큰 인기를 끈 종교는 불교였어. 자이나교가 사람들에게 엄격한 고행을 강요하는 것에 비해, 불교는 일반인들이 받아들이기에 훨씬 수월했거든.

불교를 이끌었던 사람은 고타마 싯다르타란다. 고타마 싯다르타는 원래 네팔 남부와 인도 국경 부근에 있는 샤키아족의 나라에서 태어난 왕자였어. 그는 29세가 되었을 때, 세상의 모든 고통과 괴로움에서 벗어날 수 있는 방법을 찾기 위해 고행의 길을 떠났어. 싯다르타는 이미 결혼을 한 상태여서 부인과 아이도 있었어. 그럼에도 인생의 괴로움의 본질은 무엇인지, 해탈의 경지는 무엇인지 깨닫고자 왕자라는 높은 지위와 가족을 버리고 수행자의 길을 택했던 거지.

싯다르타의 아버지는 아들의 출가를 막으려고 했지만 아무 소용이 없었어. 싯다르타는 자이나교의 수행자처럼 고행을 통해 깨달음을 얻으려고 노력했어. 하지만 몸을 아

고타마 싯다르타에서 고타마는 부처의 성이고, 싯다르타는 이름이야. 고타마 싯다르타 부처를 석가모니 부처라고도 하지.

▶ 싯다르타

무리 힘들게 만들어도 깨달음을 얻을 수 없었지. 어느 날, 싯다르타는 보리수 아래에 앉아 있던 중 갑자기 큰 깨달음을 얻게 되었어. 누구나 욕심을 버리면 마음이 평화로워지고 자유로울 수 있다는 것을 말이야. 싯다르타의 설법을 들은 사람들은 그를 '붓다'라고 부르기 시작했어. 붓다는 '깨달음을 얻은 사람'이란 뜻이야.

이때부터 싯다르타는 인도 곳곳을 돌아다니면서 사람들에게 깨달음을 얻는 방법을 알리기 시작했어. 많은 제자들이 싯다르타를 따라 불교 사상을 사람들에게 알리고 다녔어. 80세가 되었을 때 싯다르타는 쿠시나가라 숲에 이르러 열반에 들었지. 싯다르타는 죽을 때까지 궁으로 돌아가지 않고 불교 사상을 전파하는 데 노력했어.

모든 사람이 평등하게 설법을 듣고 기도를 할 수 있는 불교 사상은 평민들에게 큰 인기를 얻었지. 불교를 통치 이념으로 삼았던 아소카왕 때에는 아프가니스탄까지 불교 사상이 전파되며 널리 알려졌어. 지배 계급이 아니어도 불경을 읽을 수 있도록 각 지방 언어로 쓰인 불경도 만들어졌지.

하지만 1세기경부터 인도에서 불교를 믿는 사람들이 점차 줄어들기 시작해. 불교에 눌려 있던 브라만교가 다시 세력을 얻기 시작했거든. 붓다에 대한 생각도 많이 바뀌게 되었어. 예전에는 붓다를 깨달음을 얻은 '인간'이라고 생각했다면, 시간이 흐를수록 붓다를 '신'으로 믿게 된 거지.

그 뒤 인도에서는 브라만교와 인도의 전통 종교가 결합된 힌두교가 나라의 중요한 종교로 자리 잡게 되었어. 오늘날의 인도에서는 대부분의 사람들이 힌두교를 믿고 있지.

자이나교

자이나교는 힌두교, 불교와 함께 인도의 대표적인 종교야. 신도 수가 180만 명 정도밖에 되지 않지만, 금융업을 하는 사람들이 많이 믿고 있어서 사회적인 영향력이 큰 편이지.

자이나교는 번뇌를 정복한 자의 가르침을 담고 있어. 번뇌란 몸과 마음을 괴롭히는 욕망이나 미움 등을 말해. 자이나교는 싯다르타와 비슷한 시기에 크샤트리아 계급인 마하비라에 의해 만들어졌어. 마하비라는 출가 뒤 12년간 고행을 하면서 깊은 깨달음을 얻었어. 고행을 통해 고통을 견디면 해탈에 이를 수 있으며, 일상생활에서 윤리를 실천하는 것이 중요하다고 가르쳤지. 특히 엄격하게 살생을 금지하여, 벌레 한 마리를 살생하는 것도 허락하지 않는단다. 자이나교는 엄격한 교리 때문에 크샤트리아 계급보다 바이샤 계급에 더 많이 퍼졌으며, 특히 상인들 사이에 많이 전파되었지. 자이나교도들은 원하지 않는 살생을 막기 위해 지팡이로 땅을 두드리며 걷거나 마스크로 입을 막고 다닌대.

> 출가란 세속의 인연을 버리고 수행자의 길로 들어서는 것이야. 가출은 단순하게 집을 나온다는 뜻이며, 출가는 집을 떠나 가족이나 친구 등 사회의 인연까지 끊고 수행하겠다는 의미지.

▶ 자이나교도의 모습

불교의 8대 성지

불교에서는 석가모니의 행적과 관련이 깊은 장소들과 불교의 중요한 장소를 8대 성지라고 불러. 그가 태어난 곳, 깨달음을 얻은 곳, 세상을 떠난 곳, 처음 설법을 펼친 곳, 불교의 중요한 교의를 풀어 밝히고 알렸던 곳 등이지. 지금도 이곳에는 세계 불교 신자들의 순례가 끊이지 않고 있어.

▲ 불교의 8대 성지

① **사르나트**
석가모니가 최초로 설법을 펼친 곳

② **쿠시나가르**
석가모니가 열반에 들어간 곳

③ **슈라바스티(사헤트마헤트)**
석가모니가 설법을 전한 기간인 45년 중 24년을 머문 곳

④ **룸비니** 석가모니가 태어난 곳

⑤ **라즈기르**
불교 교화의 중심지로, 법화경을 강연했던 곳

⑥ **산카샤**
도리천 하강지로 3개월 동안 마야 부인과 천인들에게 설법을 펼친 뒤 석가모니가 다시 지상으로 내려온 곳

⑦ **부다가야** 석가모니가 보리수 나무 아래에서 깨달음을 얻은 곳

⑧ **바이살리**
석가모니가 최후의 수도를 하며 지냈던 곳

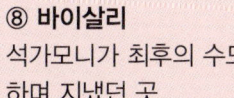

인도를 통일한 아소카왕

찬드라굽타 마우리아의 뒤를 이어 빈두사라가 마우리아 왕조의 두 번째 왕이 되었어. 빈두사라왕은 영토를 계속 넓혀 칼링가 왕국과 인도 남부의 타밀 지역을 제외한 대부분의 인도 땅을 정복해 버렸어. 칼링가 왕국을 정복하려 했지만, 그들의 강렬한 저항에 부딪쳐 매번 실패할 수밖에 없었지. 인도를 통일하고 싶었던 빈두사라왕은 꿈을 이루지 못한 채 아들에게 왕위를 물려주게 되었어.

▼ 아소카왕

빈두사라의 아들, 아소카왕은 인도 역사에서 중요한 왕 중 하나로 손꼽히고 있어. 인도 역사상 최초로 인도를 통일했을 뿐 아니라, 불교 사상을 바탕으로 전쟁 없는 인도를 만들었기 때문이야.

사실 아소카왕은 아주 잔인한 왕으로도 유명해. 빈두사라왕이 세상을 떠났을 때 아소카는 정복지의 총독이었어. 아소카는 아버지의 죽음을 알게 되자 궁으로 들어와 99명의 형제들을 모두 죽였다고 해. 그리고 왕이 되었지. 경쟁자가 될 왕의 후보자를 미리 없애 버린 거야.

기원전 3세기에 아소카가 왕이 된 뒤 가장 먼저 한 일은 칼링가 왕국을 정복한 것이야. 인도의 동부 지역은 여전히 독립을 유지하고 있었는데, 특히 칼링가 왕국은 마우리아 왕조를 위협할 정도로 강력했어. 게다가 땅도 비옥하고 항구를 통해 다른 나라와도 활발하게 교역을 하면서 경제적으로도 풍요로웠단다.

아소카왕은 기병과 보병을 앞세워 칼링가로 쳐들어갔어. 마우리아 군대가 휩쓸고 지나간 자리에는 10만 명의 병사가 죽고 포로로 끌려간 사람이 15만 명에 이르렀어. 그야말로 칼링가 왕국을 초토화시켜 버린 거야.

처절했던 칼링가 전투는 마우리아 왕조의 승리로 끝이 났지. 결국 마우리아 왕조는 남쪽 지역의 끝 일부만 남기고 인도 전체를 통일했어. 전쟁은 승리로 끝났지만, 아소카왕은 전혀 기쁘지 않았어. 남은 건 처참한 전쟁터의 모습이었거든. 아소카왕은 자신도 모르게 몸서리를 쳤어. 가슴 깊은 곳에서는 두려움이 몰려왔지.

칼링가 전투가 끝나고 아소카왕은 새로운 모습으로 다시 태어났어. 극심한 양심의 가책을 느껴 모든 전쟁을 멈추었지. 그때까지 아소카왕은 힘으로 정복지를 다스려 왔어. 그러나 칼링가 전투를 계기로 그의 통치 방법은 크게 달라졌다고 해.

불교를 받아들인 아소카왕은 불교의 정신으로 나라를 다스리기 시작했어. 먼저 불교를 국교로 선포하고 곳곳에 불교 관련 기념물이나 돌기둥을 세워 사람들에게 불교를 장려했어. 그뿐만 아니라 아소카왕은 불교를 세상에 알리기 위해서도 노력했어. 스리랑카를 비롯해 중앙아시아와 페르시아 지역까지 포교사들을 보내는 데 공을 들였거든. 이런 아소카왕의 노력으로 유럽에도 불교가 알려지게 됐어.

마우리아 왕조에서는 여러 민족이 사용하는 언어와 받드는 종교가 다양했어. 아소카왕은 지방마다 그 지역의 말로 쓰인 경전 돌기둥을 세워 많은 사람이 경전을 볼 수 있게 했어. 평민들도 쉽게 불교를 접할 수 있도록 말이야.

하지만 아소카왕은 모든 사람에게 무조건 불교를 믿어야 한다고 강요하지는 않았어. 다양한 민족의 종교를 인정해 주었고, 오히려 그들이 마음 편히 종교 활동을 할 수 있도록 지원해 주기까지 했어.

아소카왕 시기 인도에서는 더 이상 정복 전쟁이 일어나지 않았어. 아소카왕은 전쟁으로 망가진 도시들을 다시 세웠어. 도로를 고치고 부서진 건물을 새로 만들었지. 그리고 가난한 사람과 노인을 보호할 수 있는 시설을 만들고, 여행자들을 위한 편의 시설도 곳곳에 세웠어. 초기의 잔인한 아소카왕은 사라지고 부처처럼 자비로운 아소카왕만 남은 거야.

하지만 아소카왕이 죽은 뒤 마우리아 왕조는 급격히 몰락하기 시작했지. 지방에서는 독립을 꿈꾸는 왕족들의 반란이 이어졌고, 변방에서는 이민족들이 쳐들어왔어. 게다가 거대한 조직과 강력한 군사력을 유지하고 곳곳에 세워진 사원과 공공시설을 운영

◀ 아소카왕이 평민들에게 불교를 알리기 위해 세운 경전 돌기둥이야. 보통 15미터가 넘는 높은 기둥인데, 그중 12미터 돌기둥에 사자 한 마리가 세워져 있는 '난단가르 돌기둥'과 기둥 끝에 사자 네 마리가 있는 '사르나트 돌기둥'이 유명해.

하는 데에도 비용이 많이 들어. 더 많은 세금을 거두자 백성들의 불만도 커졌어.

결국 안드라와 칼링가가 독립하고, 서북 지역은 이민족에게 빼앗기고 말았어. 그리고 기원전 185년 슝가 왕조의 왕에게 마우리아 왕조의 마지막 왕이 살해되면서 멸망하고 말았단다. 마우리아 왕조 이후 인도는 다시 여러 개의 나라로 나뉘는 분열의 시대를 맞게 되었어.

산치 대탑

산치는 인도의 불교 유적 중 가장 유명한 곳으로, 인도 중부에 위치한 마라바 지방에 있어. 90미터 정도 되는 언덕 위에 유물이 모여 있으며, 고대 불교의 특성이 잘 나타나 있지. 이곳에는 큰 탑 한 개와 작은 탑 두 개, 사당 등 다양한 종류의 불교 유물들이 모여 있어. 그중에서도 마우리아 왕조의 제3대 왕인 아소카왕 시절에 만들어진 산치 대탑은 가장 크고 웅장하단다.

하늘을 상징하는 반구형 돔을 정사각형의 돌난간이 둘러싸고 있으며, 이 난간에는 붓다의 생애가 새겨진 탑문이 네 개 있어. 높이는 16.5미터이고, 돔의 지름은 37미터로 굉장히 크며 벽돌로 지어졌지.

▼ 산치 대탑

동서 세계를 연결한 쿠샨 왕조

'월지'라는 중국 북서쪽 초원에서 유목 생활을 하던 집단이 있었는데, 흉노에 쫓겨 중앙아시아로 이주해 왔어. 그러고는 차츰 세력을 키워 나갔지. 이들은 알렉산드로스의 원정을 따라왔다가 정착하였고, 인도 북서부를 차지하며 쿠샨 왕조를 세웠어. 쿠샨 왕조는 동서 교역로는 물론이고 인도를 잇는 남북 교역로까지 차지하며 번영을 누렸어.

카니슈카왕 때 전성기를 맞이한 쿠샨 왕조는 북부 인도와 중앙아시아 일대에 걸친 대제국으로 발전하였어. 카니슈카왕은 불교의 보호와 포교에도 노력하였는데, 이 시기에는 대승 불교가 발달하였어.

쿠샨 왕조 때는 로마 제국과 중국의 한이 활발히 교역하던 시기였기 때문에 그들의 교역로를 차지한 쿠샨 왕조는 지리적 이점을 이용하여 무역에 나서는 한편, 비단길을 따라 교역하는 상인들에게서 통행세를 징수했어. 동서 세계의 활발한 교역은 문화 교류로도 이어졌어. 중앙아시아에 남아 있던 그리스인들의 영향을 받아서 같은 쿠샨 왕조의 금화지만 어떤 동전에는 부처님이 새겨져 있고, 또 어떤 동전에는 헤라클레스가 새겨져 있기도 했어.

더 나아가 인도 북서부 간다라 지방에서는 동서양의 문화가 하나로 어우러진 새로운 예술 양식이 나타나기도 했어. 간다라 지방에서 만들어진 초기 불교 조각상을 보면 불상이 아닌 그리스 신상 같아 보여. 이런 불상을 간다라 양식의 불상이라고 해. 간다라 양식의 불상은 불교의 확산과 함께 아시아로 퍼졌고, 점차 동양인의 모습으로 변했어.

▲ 카니슈카왕의 모습이 새겨진 금화야. 전체적인 모습에서 그리스와 로마의 영향이 강하게 엿보여.

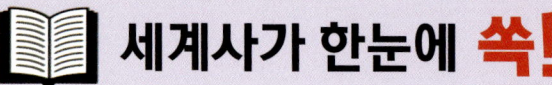 세계사가 한눈에 쏙!

01 크샤트리아와 바이샤 계급을 중심으로 브라만교에 대한 비판이 일어났고 이런 상황에서 불교, 자이나교 등이 등장하여 널리 전파되었다.

02 찬드라굽타가 마가다 왕국의 난다 왕조를 내쫓고 마우리아 왕조를 새로 만들었다. 찬드라굽타의 손자인 제3대 아소카왕은 최초로 인도를 통일했다.

03 격렬한 전쟁 뒤 두려움을 느낀 아소카왕은 불교를 받아들이고, 불교 정신에 기반을 두고 나라를 다스리기 시작했다. 그러나 아소카왕이 죽은 뒤 마우리아 왕조는 곧 멸망했다.

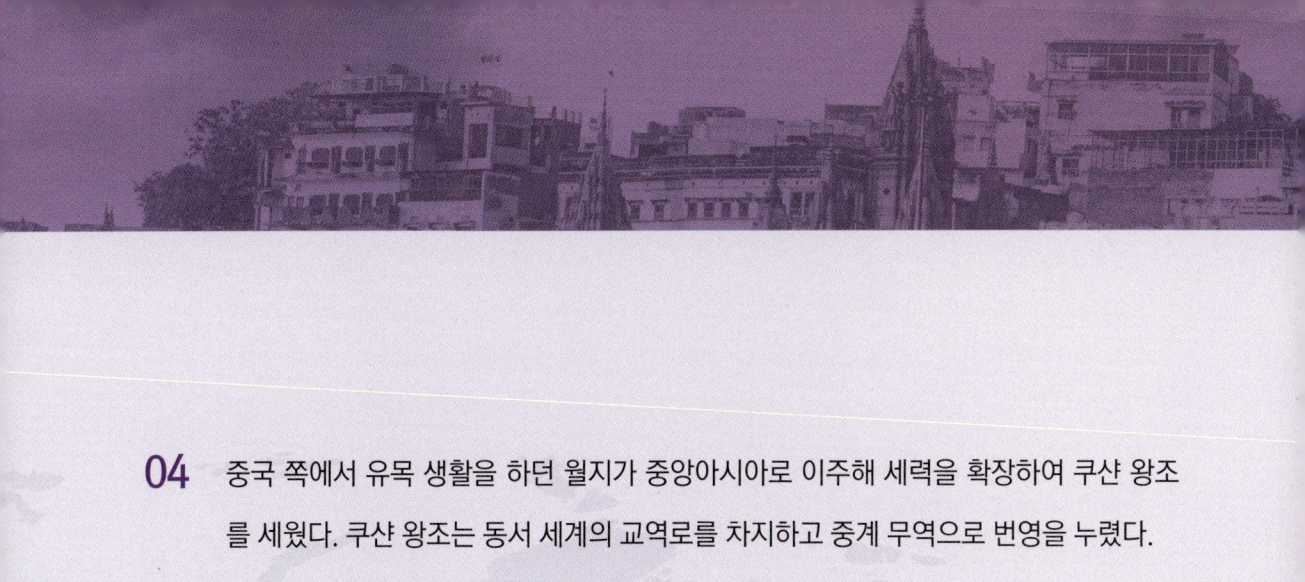

04 중국 쪽에서 유목 생활을 하던 월지가 중앙아시아로 이주해 세력을 확장하여 쿠샨 왕조를 세웠다. 쿠샨 왕조는 동서 세계의 교역로를 차지하고 중계 무역으로 번영을 누렸다.

05 쿠샨 왕조의 카니슈카왕은 쿠샨 왕조의 전성기를 이끌었으며, 대승 불교가 발전하는 데 이바지하였다. 쿠샨 왕조 시기 간다라 미술이 발전하여 동아시아에 전파되었다.

사진 저작권

| 8쪽 페르세폴리스 [출처] 셔터스톡
| 11쪽 히타이트 병사 모습 [출처] 위키피디아 (CCO)
| 13쪽 니네베 성벽 [출처] 위키피디아 (CCO)
| 14쪽 하투샤성 사자문 [출처] 셔터스톡
| 14쪽 히타이트 설형 문자 [출처] 위키피디아 (CCO)
| 14쪽 하투샤 유적지 [출처] 셔터스톡
| 15쪽 아모세 1세 기록화 [출처] 위키피디아 (CCO)
| 17쪽 아부심벨 신전 [출처] 셔터스톡
| 18쪽 이집트와 히타이트의 조약문 [출처] 위키피디아 (CCO)
| 21쪽 키루스 2세의 무덤 [출처] 위키피디아 (CCO)
| 22쪽 키루스 2세의 원통형 인장 [출처] 위키피디아 (CCO)
| 23쪽 키루스 2세 [출처] 위키피디아 (CCO)
| 23쪽 다리우스 1세 [출처] 위키피디아 (CCO)
| 25쪽 조로아스터교 신전 [출처] 위키피디아 (CCO)
| 25쪽 비스트 비문 [출처] 위키피디아 (CCO)
| 29쪽 중장 보병이 그려진 병 [출처] 위키피디아 (CCO)
| 30쪽 자크 루이 다비드 〈테르모필레 전투의 레오니다스〉 [출처] 프랑스 루브르 박물관
| 32쪽 뤽 올리비에 메르송 〈마라톤 전투의 승리를 아테네에 알린 병사〉 [출처] 위키피디아 (CCO)
| 34쪽 가우가멜라 전투에서 도망가는 다리우스 3세 [출처] 위키피디아 (CCO)
| 35쪽 다리우스 1세 [출처] 위키피디아 (CCO)
| 35쪽 페르세폴리스 [출처] 셔터스톡
| 40쪽 고대 그리스 유적 [출처] 위키피디아 (CCO)
| 41쪽 크노소스 궁전의 프레스코화 [출처] 위키피디아 (CCO)
| 43쪽 미케네 도자기 [출처] 위키피디아 (CCO)
| 43쪽 미케네성의 사자문 [출처] 위키피디아 (CCO)
| 44쪽 제우스 신전 [출처] 위키피디아 (CCO)
| 45쪽 쿠베르탱 [출처] 위키피디아 (CCO)
| 45쪽 제우스 대리석상 [출처] 위키피디아 (CCO)
| 48쪽 솔론 [출처] 위키피디아 (CCO)
| 48쪽 클레이스테네스 [출처] 위키피디아 (CCO)
| 48쪽 페리클레스 [출처] 위키피디아 (CCO)
| 49쪽 도편 추방제 [출처] 셔터스톡
| 50쪽 파르테논 신전 [출처] 위키피디아 (CC BY-SA 3.0)
| 51쪽 테미스토클레스 [출처] 위키피디아 (CCO)
| 52쪽 J.G. 보그트 〈시칠리아 전투에서 참패한 아테네군〉 [출처] 위키피디아 (CCO)
| 53쪽 아르테미스와 아폴론 [출처] 위키피디아 (CCO)
| 53쪽 델로스섬 유적지 [출처] 위키피디아 (CCO)
| 55쪽 필리포스 2세 [출처] 위키피디아 (CCO)
| 56쪽 알렉산드로스 [출처] 위키피디아 (CCO)
| 57쪽 인도의 코끼리 부대와의 전투 [출처] 위키피디아 (CCO)
| 63쪽 고대 알렉산드리아 도서관 상상도 [출처] 위키피디아 (CCO)
| 63쪽 이집트 알렉산드리아 [출처] 셔터스톡
| 64쪽 밀로섬 [출처] 위키피디아 (CC BY-SA 3.0)
| 65쪽 라오콘 군상 [출처] 위키피디아 (CCO)
| 66쪽 밀로의 비너스상 [출처] 위키피디아 (CCO)
| 67쪽 석굴암 본존불 [출처] 위키피디아 (CCO)
| 67쪽 간다라 미술 석상 [출처] 위키피디아 (CCO)
| 72쪽 카피톨리노 언덕 [출처] 위키피디아 (CCO)
| 74쪽 에트루리아 아폴로상 [출처] 위키피디아 (CCO)
| 75쪽 로물루스와 레무스 부조 [출처] 위키피디아 (CCO)
| 75쪽 루벤스 〈로물루스와 레무스〉 [출처] 카필톨리노 박물관
| 77쪽 로마 원로원 [출처] 위키피디아 (CCO)

| 78쪽 12표법 [출처] 위키피디아 (CC0)

| 82쪽 알프스산맥을 넘는 한니발 [출처] 위키피디아 (CC0)

| 84~85쪽 알프스산맥 [출처] 셔터스톡

| 85쪽 한니발 [출처] 위키피디아 (CC0)

| 87쪽 티베리우스 그라쿠스, 가이우스 그라쿠스 형제 [출처] 위키피디아 (CC0)

| 88쪽 스파르타쿠스 [출처] 위키피디아 (CC0)

| 89쪽 베스파시아누스 [출처] 위키피디아 (CC0)

| 89쪽 콜로세움 [출처] 셔터스톡

| 90쪽 카이사르의 암살 [출처] 위키피디아 (CC0)

| 91쪽 아우구스투스 [출처] 위키피디아 (CC0)

| 94쪽 네르바 [출처] 위키피디아 (CC0)

| 94쪽 트라야누스 [출처] 위키피디아 (CC0)

| 94쪽 하드리아누스 [출처] 위키피디아 (CC0)

| 94쪽 안토니누스 피우스 [출처] 위키피디아 (CC0)

| 94쪽 마르쿠스 아우렐리우스 [출처] 위키피디아 (CC0)

| 96쪽 아브라함 얀선스 〈네로〉 [출처] 위키피디아 (CC0)

| 96쪽 칼리굴라 [출처] 위키피디아 (CC0)

| 97쪽 불에 탄 로마의 모습이 담긴 그림 [출처] 위키피디아 (CC0)

| 100쪽 디오클레티아누스의 초상을 각인한 동전 [출처] 위키피디아 (CC0)

| 102쪽 콘스탄티누스 대제 [출처] 위키피디아 (CC0)

| 103쪽 헤리트 반 혼토르스트 〈목동들의 경배〉 [출처] 위키피디아 (CC0)

| 104쪽 라파엘로 〈콘스탄티누스의 세례〉 [출처] 위키피디아 (CC0)

| 105쪽 테오도시우스 1세 [출처] 위키피디아 (CC0)

| 112쪽 취푸 공자 유적 [출처] 위키피디아 (CC0)

| 113쪽 《춘추》 [출처] 위키피디아 (CC0)

| 115쪽 《맹자》 [출처] 위키피디아 (CC0)

| 115쪽 철제 농기구 [출처] 위키피디아 (CC0)

| 117쪽 시황제 [출처] 위키피디아 (CC0)

| 118쪽 반량전 [출처] 위키피디아 (CC0)

| 118쪽 시황제 무덤 [출처] 위키피디아 (CC0)

| 119쪽 분서갱유 [출처] 위키피디아 (CC0)

| 120쪽 항우 [출처] 위키피디아 (CC0)

| 120쪽 유방 [출처] 위키피디아 (CC0)

| 120쪽 한 무제 [출처] 위키피디아 (CC0)

| 121쪽 장건 출사 서역도 [출처] 위키피디아 (CC0)

| 123쪽 만리장성 [출처] 위키피디아 (CC0)

| 128쪽 바라나시 [출처] 셔터스톡

| 130쪽 찬드라굽타 마우리아 [출처] 위키피디아 (CC0)

| 131쪽 《아르타샤스트라》 [출처] 위키피디아 (CC0)

| 133쪽 싯다르타 [출처] 위키피디아 (CC0)

| 135쪽 자이나교도의 모습 [출처] 위키피디아 (CC0)

| 136쪽 사르나트 [출처] 위키피디아 (CC0)

| 136쪽 쿠시나가르 [출처] 위키피디아 (CC0)

| 137쪽 슈라바스티 [출처] 위키피디아 (CC0)

| 137쪽 룸비니 [출처] 위키피디아 (CC0)

| 137쪽 라즈기르 [출처] 위키피디아 (CC0)

| 137쪽 부다가야 [출처] 위키피디아 (CC0)

| 137쪽 산카샤 [출처] 위키피디아 (CC0)

| 137쪽 바이살리 [출처] 위키피디아 (CC0)

| 138쪽 아소카왕 [출처] 위키피디아 (CC0)

| 140쪽 난단가르 돌기둥 [출처] 위키피디아 (CC0)

| 140쪽 사르나트 돌기둥 [출처] 셔터스톡

| 141쪽 산치 대탑 [출처] 위키피디아 (CC0)

| 143쪽 카니슈카왕이 새겨진 금화 [출처] 위키피디아 (CC0)

열다 지식을 열면, 지혜가 열립니다. 나만의 책을, 열다.

한눈에 쏙 세계사
2 고대 통일 제국의 등장

초판 1쇄 발행 2019년 11월 04일
초판 4쇄 발행 2020년 11월 02일

글 서지원 그림 이은열 감수 박소연·손은혜

ⓒ 서지원, 이은열 2019

ISBN 979-11-90267-19-9 73900

* 저작권법에 의하여 한국 내에서 보호를 받는 저작물이므로 무단 전재와 무단 복제를 금합니다.
이 도서의 국립중앙도서관 출판예정도서목록(CIP)은 서지정보유통지원시스템 홈페이지(http://seoji.nl.go.kr)와 국가자료공동목록시스템(http://www.nl.go.kr/kolisnet)에서 이용하실 수 있습니다. (CIP제어번호: CIP2019041470)
* 책값은 뒤표지에 있습니다.
* 잘못 만들어진 책은 구입하신 곳에서 바꾸어 드립니다.

발행처 주식회사 스푼북 | 발행인 박상희 | 출판신고 2016년 11월 15일 제2017-000267호
제조국 대한민국 | 주소 (03993) 서울시 마포구 월드컵북로6길 88-7 ky21빌딩 2층
전화 02-6357-0050(편집) 02-6357-0051(마케팅)
팩스 02-6357-0052 | 전자우편 book@spoonbook.co.kr
*12세 이상 어린이 제품

열다 는 스푼북의 어린이책 브랜드입니다.

제품명 한눈에 쏙 세계사 2	제조자명 주식회사 스푼북	제조국명 대한민국
전화번호 02-6357-0050	주소 서울시 마포구 월드컵북로6길 88-7 ky21빌딩 2층
제조년월 2020년 11월 02일	사용연령 12세 이상

⚠ 주 의
아이들이 모서리에 다치지 않게 주의하세요.

※ KC마크는 이 제품이 공통안전기준에 적합하였음을 의미합니다.